Georg Kraus/Reinhold Westermann

Projektmanagement mit System

W0197252

Georg Kraus/Reinhold Westermann

Projektmanagement mit System

Organisation – Methoden – Steuerung

3., erweiterte Auflage

GABLER

Bibliografische Information Der Deutschen Nationalbibliothek
Die Deutsche Nationalbibliothek verzeichnet diese Publikation in der
Deutschen Nationalbibliografie; detaillierte bibliografische Daten sind im Internet
über <http://dnb.d-db.de> abrufbar.

1. Auflage 1995
2. Auflage 1996
3. Auflage 1998
5. Nachdruck 2006

Alle Rechte vorbehalten
© Betriebswirtschaftlicher Verlag Dr. Th. Gabler | GWV Fachverlage GmbH,
Wiesbaden 1998

Lektorat: Ulrike M. Vetter

Der Gabler Verlag ist ein Unternehmen von Springer Science+Business Media.
www.gabler.de

Umschlaggestaltung: Nina Faber de.sign, Wiesbaden
Satz: FROMM MediaDesign, Selters/Ts.
Druck und buchbinderische Verarbeitung: Wilhelm & Adam, Heusenstamm
Gedruckt auf säurefreiem und chlorfrei gebleichtem Papier
Printed in Germany

ISBN 3-409-38758-7

Vorwort

Projektmanagement ist heute mehr als nur ein Modebegriff. In fast allen Unternehmen werden Projekte durchgeführt. Projektleiter sind dabei Manager auf Zeit, an die sehr hohe Anforderungen gestellt werden, denn ihre Aufgaben sind immer neu und komplex. Eine besondere Schwierigkeit liegt zudem darin, daß die Projektleiter in der Regel nur einen „zusammengewürfelten Haufen" von Mitarbeitern zur Verfügung haben, die aus verschiedenen Bereichen kommen, unterschiedliche Interessen verfolgen („Politik" betreiben), meistens wenig Zeit für die Projektaufgaben erübrigen können und noch nicht als Team „funktionieren". Ein weiteres Problem liegt darin, daß Projekte meistens „ungeliebte Kinder" der Linienorganisation sind und auch so behandelt werden. Schwierigkeiten im zwischenmenschlichen Bereich mit allen bekannten Politik- und Machtfragen sind somit vorgezeichnet.

Die Erfahrungen, die wir in Trainings- und Projektberatungssituationen in Groß- und Mittelbetrieben sammeln konnten, haben uns veranlaßt, das gesamte Spektrum des Projektmanagements zu beleuchten und unsere Erkenntnisse beim Bearbeiten von Projekten niederzuschreiben. Dabei ist dieses Buch so angelegt, daß alle Projektbeteiligten,

- Auftraggeber,
- Projektleiter,
- Teammitglieder,
- Führungskräfte aus der Linie und
- Mitarbeiter aus der Linie,

ihr Wissen vertiefen und Handlungsstrategien daraus ableiten können.

Projektleiter und Teammitglieder suchen vielfach Orientierungshilfen, um komplexe und wenig bekannte Aufgabenstellungen transparenter machen zu können und um sie besser zu beherrschen. Des weiteren möchten sie Techniken kennenlernen, die es ermöglichen, Projekte sicher und erfolgreich zu managen.

In diesem Zusammenhang taucht häufig ein dritter Problemkomplex auf, hinter dem die Frage steht:

Was können wir tun, wenn bei noch so perfekter Planung und Steuerung Projekte nicht zum gewünschten Erfolg führen?

Mit diesem Buch wollen wir:

▶ methodische Hilfen für die Projektdefinition geben, also Wege beschreiben, wie man von globalen und unkonkreten Vorgaben zu konkreten Projektaufträgen kommt,

▶ Methoden zur Projektplanung und -steuerung vorstellen,

▶ der Frage nachgehen, was im Vorfeld organisatorisch getan werden kann, um den Projekterfolg weitestgehend zu sichern,

▶ aufzeigen, wie sich Politik- und Machtfragen und zwischenmenschliche Beziehungen auf den Projekterfolg auswirken.

Projektmanagement wird zwar von fast allen Unternehmen als wichtige Organisations- und Managementform genannt, ist aber meistens nicht mit dem notwendigen Stellenwert verankert. Die vielen Unbekannten, mit denen man beim Projektmanagement leben muß, sind sicher ein Grund dafür, daß viele Manager diesem Thema sehr unsicher begegnen.

Wir hoffen, dem Leser mit diesem Buch Berührungsängste gegenüber dem Projektmanagement nehmen zu können und die Projektbeteiligten in ihrer Professionalität zu unterstützen.

GEORG KRAUS
REINHOLD WESTERMANN

Inhaltsverzeichnis

1 Projektmanagement

Was ist ein „Projekt"?

Der Zweck von Wirtschaftsunternehmen ist die Leistungserstellung und -vermarktung. In der Regel erfolgt dies in sich wiederholenden, standardisierten Routineprozessen, der sogenannten Linienarbeit. Die Linienorganisation von Unternehmen ist auf diese Arbeiten zugeschnitten. Ihre Ausgestaltung zielt auf Optimierung (Arbeitsteilung und Spezialisierung) bekannter Aufgaben und eingespielter Arbeitsweisen, um ein marktgerechtes Kostenniveau zu erhalten. Neben den Routinearbeiten sind jedoch Innovationsprozesse für den langfristigen Erfolg eines Unternehmens unabdingbar. Für immer mehr Firmen werden innovative Vorhaben sogar zur Alltagsaufgabe.

Innovationsaufgaben können eine einzelne Abteilung betreffen und von dieser selbst als Sonderaufgabe abgewickelt werden. Sie wird in den Unterstellungs- und Berichtsverhältnissen und mit den Verfahrensweisen der Linienorganisation gesteuert.

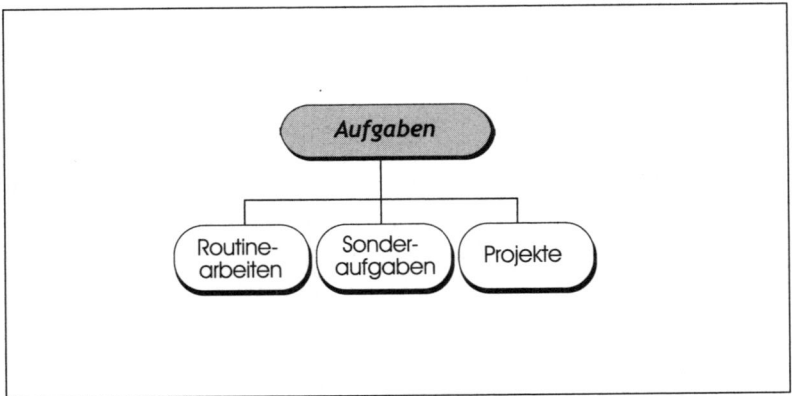

Viele Innovationsaufgaben erfordern aber eine von der Linienorganisation, von den eingespielten Verfahrensweisen abweichende Vorgehensweise, weil sie mit besonderen Anforderungen verbunden sind. In diesem Fall handelt es sich um Projekte.

Die Anzahl von Projekten in den Unternehmen nimmt von Jahr zu Jahr zu. Man muß sich jedoch fragen, ob auch die Aufgaben im gleichen Maß angestiegen sind. Die Bezeichnung „Projekt" ist „in". Aufgaben, die noch vor kurzem „Linienaufgaben" waren, werden nun als Projekte bezeichnet. Man schmückt sich gern mit dem Begriff Projekt. Achten Sie deshalb genau darauf, ob die jeweilige Aufgabe auch tatsächlich Merkmale eines Projektes aufweist. Auch wenn es noch so verführerisch ist, eine Linienaufgabe als Projekt zu definieren, sollte dieser Begriff nur für Aufgaben verwendet werden, die

- neuartig sind,
- zeitlich begrenzt,
- komplex und
- die Beteiligung mehrerer Stellen erfordern.

Projekte müssen in einem Unternehmen immer etwas Besonderes sein. Projektarbeit ist gekennzeichnet durch überdurchschnittliches Engagement, und die Projektergebnisse bringen den Unternehmen auch entsprechende Know-how-Vorsprünge. Wenn ein Unternehmen jedoch die Auswahl von „Projekten" nicht begrenzt, verliert die Projektarbeit ihren besonderen Charakter. Das überdurchschnittliche Engagement in Projekten geht verloren, da die Projektarbeit nicht mehr als etwas Besonderes empfunden wird. Die Projektarbeit verwässert. Um dies zu vermeiden, ist es wichtig, daß Unternehmen klar abgrenzen, welche Aufgaben als Projekt abzuwickeln sind bzw. welche Aufgaben weiterhin als Routineaufgaben zu erledigen sind. Die Merkmale, um Projekte zu identifizieren, sind jedoch nicht immer ganz klar zuordnenbar. Ab wann ist zum Beispiel eine Aufgabe als komplex anzusehen? Ähnlich problematisch ist die Neuartigkeit. Des weiteren stellt sich die Frage, wer denn nun entscheidet, ob eine Aufgabe als Projekt oder als Routineaufgabe abgewickelt werden soll. Hier kommt der Unternehmensleitung eine Entscheidung zu. Durch das Festlegen von Projekten wird grundlegend die Arbeit im Unternehmen beeinflußt. Wenn zu viele Aufgaben als Projekte abgewickelt werden, verliert die Projektarbeit an Bedeutung und wird nicht mehr mit dem notwendigen Druck verfolgt. Wenn jedoch zu wenige Aufgaben als Projekte abgewickelt werden, versanden vielleicht einige wichtige Aufgaben, die für das Unternehmen wichtig wären. Die Aufgabe der Unternehmensleitung ist es, ein Gefühl dafür zu entwickeln, wie viele Projekte die Organisation verkraften kann unter der Prämisse, die Motivation der Projektbeteiligten (letztendlich der Erfolgsfaktor der Projektarbeit) in den Vordergrund zu stellen. Eine Hilfestellung hierfür sind die klassischen Projektmerkmale:

▶ Neuartigkeit

Projekte sind neuartige und einmalige Vorhaben. Zu ihrer Durchführung kann nur teilweise auf vorhandenes Know-how oder vorliegende Planungen zurückgegriffen werden. Dadurch, daß nur begrenzt Erfahrungswerte vorhanden sind, läßt sich nie mit hundertprozentiger Wahrscheinlichkeit vorhersagen, ob die Ziele erreicht werden. Dies führt dazu, daß jedes Projekt mit einem gewissen Risiko behaftet ist. Man muß viel „ausprobieren", nicht alles ist kalkulierbar und vorhersehbar. Daraus ergibt sich eine beträchtliche Dynamik und ein großer Bedarf an Änderungen.

▶ Zeitliche Begrenztheit

Projekte sind temporäre Aufgaben, das heißt, sie enden mit der Erreichung des vorab definierten Ziels. Dadurch, daß Projekte zeitlich begrenzt sind, werden in den seltensten Fällen spezielle Ressourcen (wie zum Beispiel Personalkapazitäten) für sie geschaffen.

▶ Komplexität

Projekte sind ganzheitlich betrachtete Aufgaben. Als solche sind sie komplex, was die Einschätzung ihrer Machbarkeit, Planung, Durchführung und ihrer wirtschaftlichen Folgen angeht. Daraus ergibt sich, daß eine Vielzahl von Faktoren und Wirkungszusammenhänge zu berücksichtigen sind.

▶ Beteiligung mehrerer Stellen

Durch die ganzheitliche Betrachtung stellen Projekte meistens Aufgaben dar, deren Planung und Realisierung über mehrere Abteilungen/Bereiche geht. Die Bearbeitung in interdisziplinären Gruppen macht eine einheitliche Arbeitsmethodik innerhalb des Projektteams notwendig. Der dadurch entstehende Aufwand für Koordination und Abstimmung wird meistens unterschätzt.

▶ Konkurrenz um Ressourcen

Projekte erfordern personelle, finanzielle, materielle und andere Mittel. Die einem Unternehmen zur Verfügung stehenden Ressourcen sind jedoch begrenzt und orientieren sich in der Regel am Bedarf der Linie.

Die projektspezifischen Mittel müssen deshalb aus den vorhandenen Ressourcen der Linie abgezweigt werden. Da die Linie dazu nur ungern bereit ist (das würde ja bedeuten, daß diese im eigenen Bereich brach liegen), entstehen dort immer wieder Konfliktherde, die nur durch eine transparente Projektplanung gelöst werden können.

Welche Projekttypen gibt es?

Es gibt sicher genauso viele Klassifizierungen von Projekten wie Projekte selbst. Die hier aufgestellte Tabelle soll exemplarisch zeigen, welche Aufgaben Projektcharakter haben können. Gleich, welche Art von Projekt Sie abwickeln, in allen Fällen können Sie die Grundprinzipien des Projektmanagements anwenden.

Projekttypen	Inhalt, Ergebnis
Studien, Expertisen	wirtschaftliche und technische Erkenntnisse über Aufgabenstellung und Realisierbarkeit
Neue Produkte	neues Produkt wird erarbeitet und im Markt eingeführt
Produktanpassungen	Produkt wird an die neuen Bedürfnisse angepaßt
Anlagenbau	Installation neuer technischer Anlagen zu vereinbarten Terminen und Kosten
Rationalisierung	Kostenreduktion, Ertrags-/Leistungssteigerung
Organisations-entwicklung	Anpassung der Organisation/Abteilung/ Bereich/ an die neuen Erfordernisse des Unternehmens/Marktes
EDV	Einführung eines DV-Systems

Aufgaben mit Projektcharakter

Was ist Projektmanagement?

Als sich der Begriff Projektmanagement in den sechziger Jahren in Deutschland verbreitete, verstand man darunter reine Werkzeuge zur Projektplanung- und steuerung. Projektmanagement wurde gleichgesetzt mit „Netzplantechnik". In den siebziger und insbesondere in den achtziger Jahren reifte jedoch die Erkenntnis, daß zur erfolgreichen Abwicklung eines Projektes mehr gehört als operative Werkzeuge. Projektmanagement wurde, wie der Name es schon sagt, zu einem „Managementsystem". Wie jedes Managementsystem beinhaltet auch Projektmanagement:

– Planungsinstrumente,
– Steuerungsinstrumente,

- Führungsmethoden und
- Organisationsmodelle.

Die verschiedenen Instrumente des Projektmanagements sind so ausgelegt, daß Projekte ganzheitlich bearbeitet werden können. Sie lassen sich somit nur bedingt auf Anwendungen in der Linie übertragen. Der sinnvolle Anwendungsbereich von Projektmanagement liegt also nicht in Routineaufgaben, sondern im „Managen von Projekten".

Linienmanagement
- vertikale Koordination fachbezogener Aufgaben,
- Verantwortung für die Fachaufgaben entsprechend der Arbeitsteilung

Projektmanagement
- horizontale Koordination von Projektaufgaben,
- Verantwortung für den Gesamtumfang des Projektes (Projektziele)

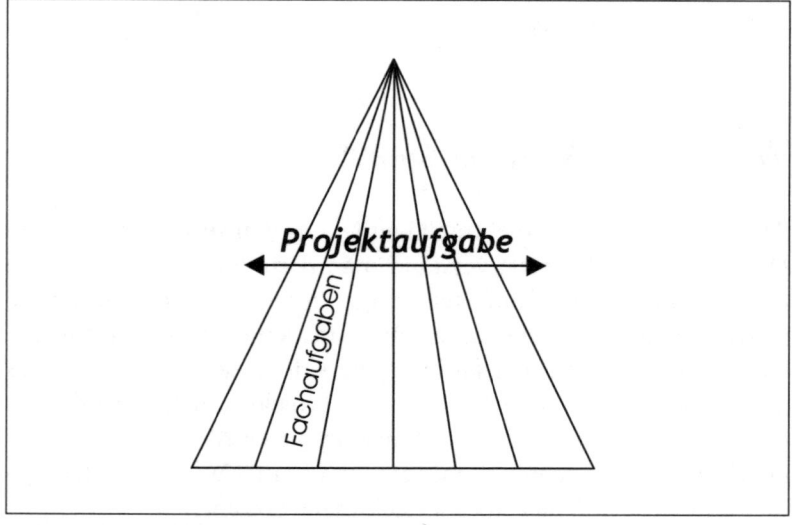

Unterschiede zwischen Linienmanagement und Projektmanagement

Projektmanagement kann auch als Steuerung eines:

- zielgerichteten und
- mehrpersonalen Arbeitsprozesses

innerhalb einer vorhandenen Linienorganisation bezeichnet werden. Unter zielgerichtet ist zu verstehen, daß Projektaufgaben auf jeden Fall immer mit einem Auftrag beziehungsweise einem Pflichtenheft gekoppelt sein müssen. Unter dem Begriff „mehrpersonal", soll zum Ausdruck gebracht werden, daß zur Abwicklung der Projektaufgabe ein Managementsystem zum Einsatz kommt.

Woher kommen die Projektbeteiligten?

Typische Fragen, die sich zu Beginn eines Projekts stellen, sind: Wer ist beteiligt? Sind Mitarbeiter aus bestimmten Hierarchieebenen zu beteiligen? Können Teams hierarchieübergreifend zusammengestellt werden? Wer soll Projektleiter werden? Wer wählt den Projektleiter aus? Wer kann/soll Auftraggeber des Projektes sein? Im Grunde gibt es keine Regeln dafür, wie Projektbeteiligte auszuwählen sind. Die Beteiligten müssen nicht aus einer bestimmten Hierarchiestufe stammen. Ein Projektleiter kann sowohl aus der Mitarbeiterebene als auch aus einer Führungsebene stammen. Projektentscheider oder Auftraggeber werden meistens nach dem Kriterium Macht und Teammitglieder nach ihrer fachlichen Kompetenz ausgewählt.

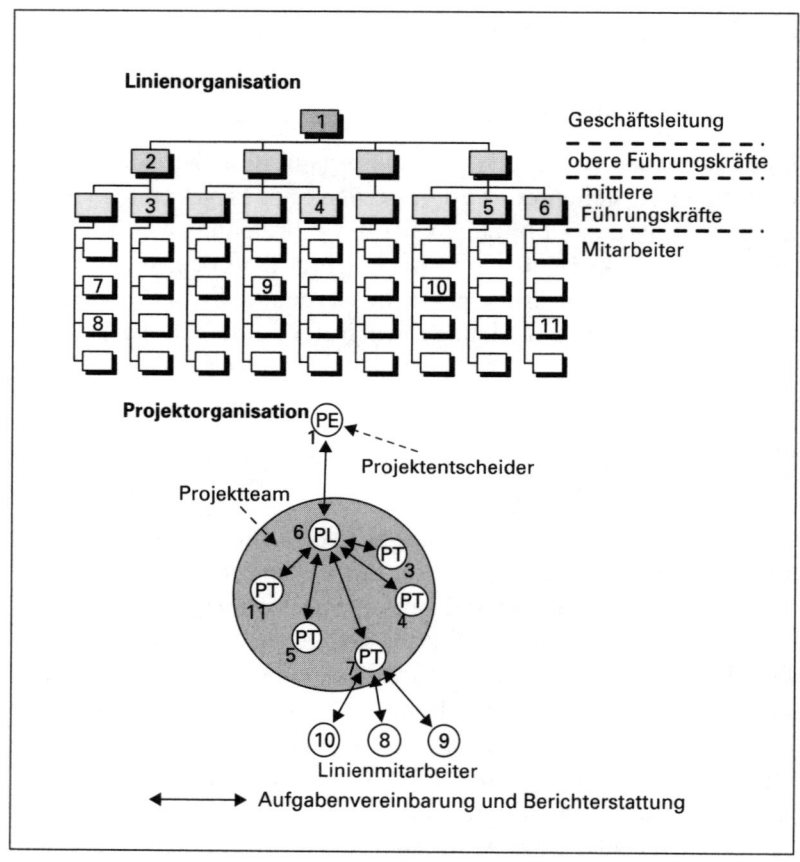

Beispiel für die Zusammensetzung eines Projektteams

Was ist kennzeichnend für „PM"?

Projekte sollen Probleme im Unternehmen lösen, Verbesserungen und Innovationen realisieren, komplexe Anlagen erstellen helfen. Die sehr hohen Ziele prägen Projektmanagement, denn sie erfordern eine schlagkräftige Arbeitsstruktur. Charakteristisch für die Arbeitsweise im Projektmanagement sind:

- Ziel- und Ergebnisorientierung,
- Auftragsdenken,
- Ganzheitlichkeit und
- flache Hierarchien.

Ziel- und Ergebnisorientierung bedeutet, die Orientierungs- und Motivationsfunktion von Zielen zu nutzen und gleichzeitig Raum für alternative Lösungswege, für Innovationen zu geben. Das erfordert Eigeninitiative und Selbständigkeit auf der Mitarbeiterseite. Man läßt dem Projektteam freie Wahl, welchen Weg es einschlägt, nur das Ziel ist vorgegeben.

Hinter dem Auftragsdenken steht die Führungsphilosophie des Managens nach Zielvereinbarungen. Dem Projektmitarbeiter kommt eine andere Rolle zu als dem Linienmitarbeiter. Er ist Auftragnehmer und nicht Arbeitnehmer. Er ist selbst verantwortlich für die Erfüllung seiner Aufgaben im Sinne des Projektziels und definiert selbst mit, was er verantwortet. Durch das Mitwirken bei der Definition des Auftrags wird eine viel stärkere Identifikation mit dem Projekt erreicht.

Ganzheitlichkeit meint die integrierte Betrachtung und Behandlung einer Aufgabe – die Zusammenfassung arbeitsteiliger Aufgaben zu einem Gesamten, wobei die Beiträge zum Ziel oder Ergebnis (Produkt) das Verbindende sind. Es geht nicht darum, daß jeder seine Aufgabe erledigt, sondern um die Frage: „Wie erreichen wir das Ziel?"

Es gilt: „Das Ganze ist mehr als die Summe seiner Teile."

Flache Hierarchien sorgen für eine bessere Koordination und Motivation. In der Projektarbeit sind kurze Informations- und Entscheidungswege wichtig, denn ein wesentlicher Erfolgsfaktor des Projektmanagements liegt darin, die Arbeit zu „personifizieren". Die Identifikation von Projektverantwortlichen und Teammitgliedern mit der Aufgabe ist die Basis für eine enge Zusammenarbeit, direkte Abstimmung und damit für eine zeitlich und sachlich optimale Koordination.

Die Schlagkraft des Projektmanagements basiert ganz wesentlich auf dem Teamgedanken: Eine Gruppe von Mitarbeitern arbeitet gemeinsam auf ein gemeinsames Ziel hin. Abstimmung und Informationsaustausch erfolgen nicht linienförmig vom Projektleiter zu den Teammitgliedern, sondern sternförmig von jedem zu jedem.

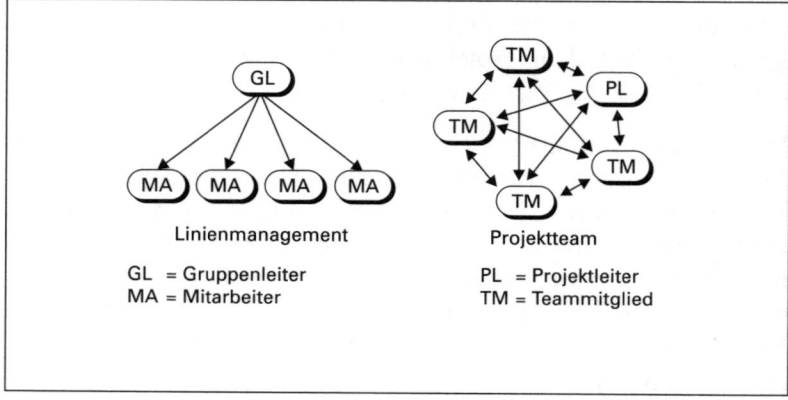

Linienmanagement und Projektteam

Die Motivation der Teammitglieder ergibt sich zum großen Teil daraus, daß sie an der Projektplanung (Zielsetzung und Vorgehen) mitwirken können. Das Team kennt die Gesamtzusammenhänge des Projektes und identifiziert sich somit mit dem Projekt und seinen Zielen.

Ganzheitliche Projektbetrachtung

Bei der Abwicklung eines Projektes muß man immer drei Größen im Auge behalten:

– Ergebnis/Output,
– Termine/Zeit,
– Aufwand/Kosten/Input.

Verändert sich eine Größe, hat dies automatisch Auswirkungen auf die anderen.

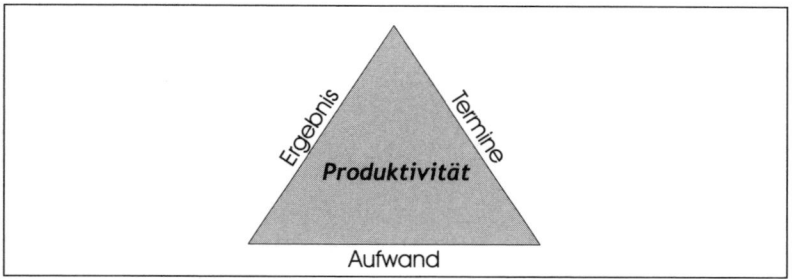

Projektleiter stehen meistens vor der schwierigen Aufgabe, diese drei Faktoren in den Griff zu bekommen. In der Praxis ist oft festzustellen, daß der Projektleiter je nach „Vorlieben" oder „Abneigungen" sich bei der Abwicklung stärker auf den einen oder anderen Aspekt konzentriert. Der Projektleiter, der aus dem Controlling kommt, wird eher den Kostenaspekt im Auge behalten und unter Umständen die Qualität der Ergebnisse nicht genügend beachten. Ein Projektleiter, der aufgrund seiner fachlichen Qualifikation ausgewählt wurde, hat oft Schwierigkeiten, den Kosten genügend Bedeutung zuzuordnen. Die Kunst der Projektbearbeitung liegt darin, die drei Faktoren Ergebnis, Termine und Aufwand immer im Auge zu behalten. Dabei darf aber nicht vergessen werden, daß diese Faktoren zum größten Teil von dem Engagement und der Leistung der Projektbeteiligten abhängen.

Ein weiteres Prinzip des Projektmanagements heißt: „Planen, was planbar ist". Dies führt dazu, daß die Planung erst mit Fortschritt des Projektes feiner und konkreter wird. Die Gefahr bei komplexen Aufgaben ist, daß man sich leicht im Detail verirrt. Wer einmal den Überblick verloren hat, bekommt Ergebnis, Aufwand und Termine kaum noch in den Griff. Projektmanagement folgt der Vorgehensweise „vom Groben zum Detail". Folgende Detaillierungsschritte sind empfehlenswert:

1. Planungsstufe:	Projektabgrenzung	$\rightarrow$	Zieldefinition
2. Planungsstufe:	Grobe Richtungsvorgabe	$\rightarrow$	Meilenstein
3. Planungsstufe:	Detaillierte Planung	$\rightarrow$	Netzplantechnik/ Feinplanung

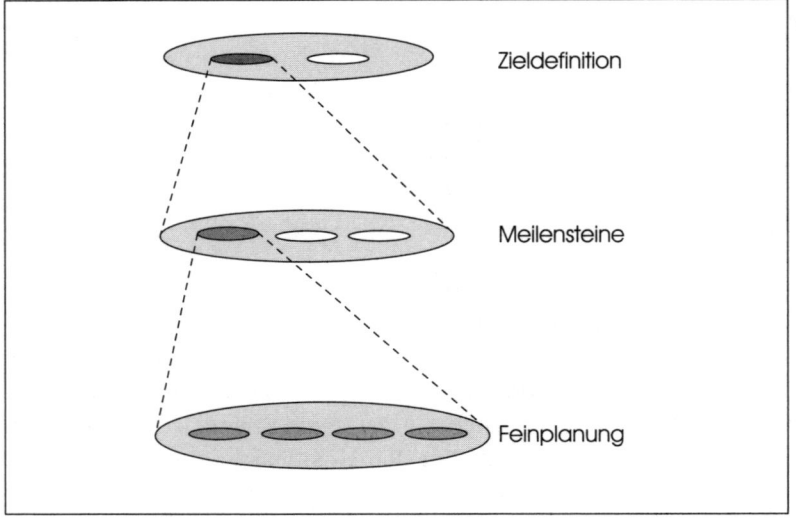

Vom Groben zum Detail

Wieso braucht man Projektmanagement?

Was bringt Projektmanagement? Was für einen Nutzen hat Projektmanagement? Diese Fragen tauchen immer wieder auf. Die Schwierigkeit liegt in fehlenden Vergleichsmöglichkeiten. Wenn eine Aufgabe als Projekt abgewickelt worden ist, wie will man dann Aufwand und Zeitverlauf ohne Projektmanagement abschätzen? Untersuchungen ähnlicher Projekte haben jedoch folgendes gezeigt:

Projektmanagement erfordert einen anfänglichen Mehraufwand von etwa 5 Prozent, und daraus resultiert eine Kosten- und Zeitersparnis von 20 Prozent.

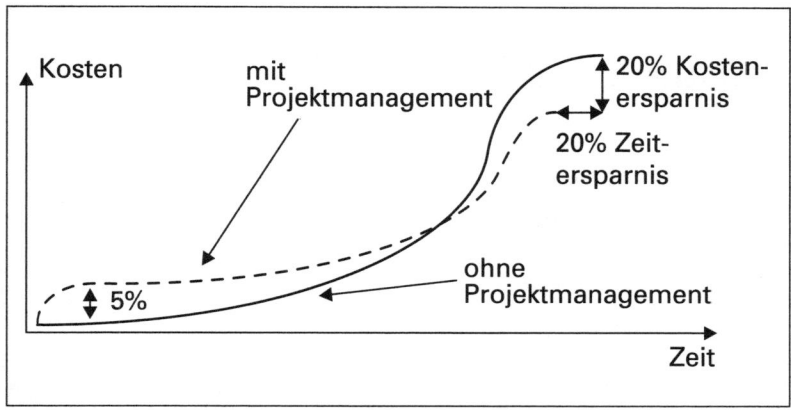

5 Prozent anfänglicher Mehraufwand beim Projektmanagement bringen 20 Prozent Kosten- und Zeitersparnis

Typische Ziele, die mit der Arbeitsweise „Projektmanagement" verfolgt werden, sind dementsprechend:

▶ Verbesserung der fachbereichsübergreifenden Zusammenarbeit – bessere Nutzung der Energien für die Projektbearbeitung, die sonst durch Reibungsverluste in der Kommunikation verloren gehen;

▶ Ausrichtung der Fachbereichsressourcen auf die Unternehmensziele;

▶ Verbesserung der Effizienz, Transparenz und Koordination aller Projekte (Multiprojektmanagement);

▶ Einhaltung der Ziele in den einzelnen Projekten bezüglich Ergebnis, Termine, Aufwand und Produktivität;

▶ Durchsetzung/Umsetzung der Planung.

2 Projektorganisation

Wir brauchen gar keine Projektorganisation! Wenn es etwas zwischen den Fachbereichen abzustimmen gibt, bilden wir Arbeitskreise. Dort werden die Aufgaben koordiniert und neue Termine festgelegt. Jeder kümmert sich um die Aufgaben seines Fachbereichs. Diese Aussage hört man immer wieder in Unternehmen. In der Theorie stimmt es natürlich, daß nicht unbedingt eine Projektorganisation notwendig ist. Die Praxis hat jedoch gezeigt, daß Projekte, die „in der Linie" ohne Projektorganisation abgewickelt werden, oft extreme Terminverzögerungen mit sich bringen.

Dies liegt meistens daran, daß niemand sich intensiv um die Belange des Projektes kümmert. Es kommt nicht selten vor, daß das Tagesgeschäft die Projektmitarbeiter so vereinnahmt, daß die „Zusatzarbeit" oft vernachlässigt wird. Zum Schluß wundert man sich dann über Termin- oder Kostenüberschreitungen im Projekt. Eine Aufgabe kann eben nur erfolgreich umgesetzt werden, wenn jemand das Projekt „pusht", auch gegen die Interessen der Linienorganisation. Eine Projektorganisation aufzubauen bedeutet, „Projektegoisten" zu fördern, die das Projekt gegen die Linienorganisation verteidigen.

Oft sind es aber vor allem die hierarchischen Strukturen, die den Fortschritt von Projekten hemmen. Dies liegt daran, daß die Strukturen der Linienorganisation nicht für die Abwicklung von abteilungsübergreifenden Aufgaben konzipiert sind.

In folgender Abbildung ist der klassische Informations- und Entscheidungsweg gekennzeichnet, wie er in der Regel bei fachübergreifenden Aufgaben einzuhalten ist. Je mehr Hierarchien ein Unternehmen hat, desto schwieriger wird es, zu schnellen Abstimmungen auf der Arbeitsebene zu kommen.

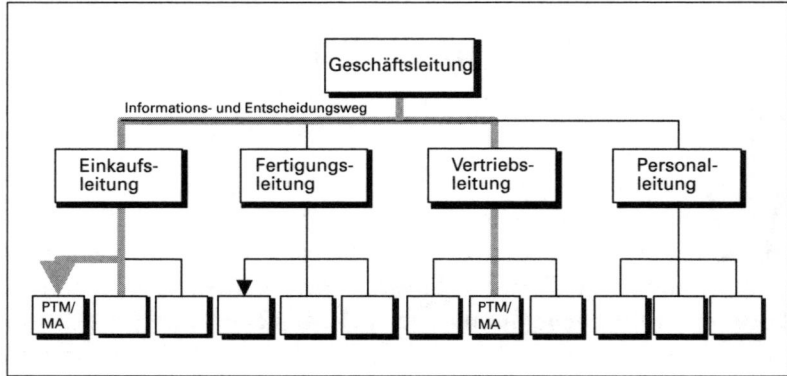

Der klassische Informations- und Entscheidungsweg

Die Entscheidungswege und die Informationswege sind viel zu umständlich. Ein Projekt kann jedoch nur erfolgreich sein, wenn kurze Informations- und Entscheidungswege definiert sind und eingehalten werden.

Sinn und Zweck effektiver Projektarbeit ist deshalb die Zusammenfassung von Mitarbeitern verschiedener Fachbereiche in einer möglichst „flachen" Organisationsstruktur.

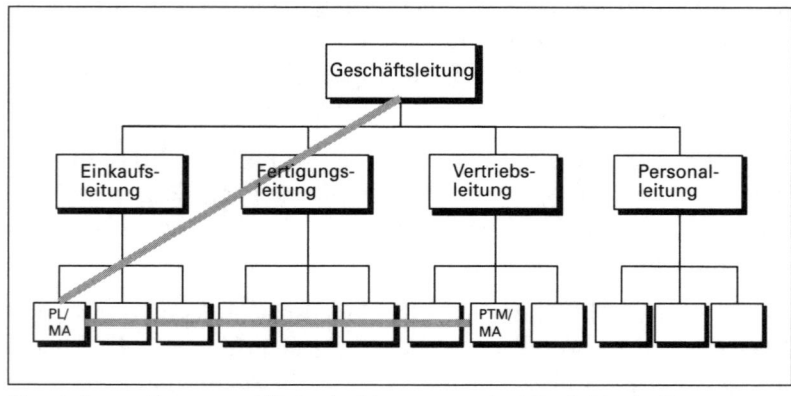

Der Informations- und Entscheidungsweg bei Projektarbeit

In Projekten müssen nun Mitarbeiter aus verschiedenen Bereichen zusammenarbeiten. Für diese Mitarbeiter müssen „Regeln" geschaffen werden, die die Zusammenarbeit miteinander und mit der Linienorganisation festlegen. Diese Regeln sind Grundlage der Projektorganisation.

Prinzipiell unterteilt man im Projektmanagement die Projektorganisation in:

– die Aufbauorganisation und
– die Ablauforganisation.

Während die Aufbauorganisation die Regeln der Zusammenarbeit der Projektbeteiligten festlegt, schreibt die Ablauforganisation die Phasen, Formalismen und Methoden des Projektes.

Permanente und temporäre Projektorganisation

Der Wunsch eines jeden Unternehmers ist es, die Regeln der Zusammenarbeit, die sogenannte Projektorganisation, ein für allemal festzulegen, um dann dabei auf dieser Basis weiterzuarbeiten. Die grundsätzliche Frage, die sich stellt, ist folgende: Was soll/muß denn alles geregelt/festgelegt werden?

▶ Die Beziehung/Schnittstelle zur Linienorganisation?

▶ Die Art und Weise, wie das Team zusammenarbeitet?

▶ Die Methoden, die im Projekt angewendet werden?

▶ Der Ablauf des Projektes?

Man kommt sehr schnell zu der Erkenntnis, daß viele Aspekte sehr projektspezifisch sind und somit gar nicht allgemein festgelegt werden können. Sind sich in einem Unternehmen die Projekte in Art und Umfang sehr ähnlich, wird dort eine permanente Projektorganisation (das heißt Regeln, die für alle Projekte Gültigkeit haben) überwiegen.

Unterscheiden sich in einem Unternehmen die Projekte erheblich, dominiert die temporäre Projektorganisation (das heißt, die Regeln werden für jedes Projekt spezifisch festgelegt werden).

Aufbauorganisation

Innerhalb eines Projektes bestehen wie auch in der Linie unterschiedliche Ebenen der Mitarbeit. Im Projektmanagement unterscheidet man prinzipiell zwei Ebenen:

–   Auftraggeber (der das Projekt „will") und
–   Auftragnehmer (der das Projekt „macht").

Die Polarität zwischen Auftraggeber und Auftragnehmer ist Ausgangspunkt für die sogenannten PM-Bausteine. Unter PM-Bausteine bezeichnet man die hierarchischen Ebenen der Projektorganisation.

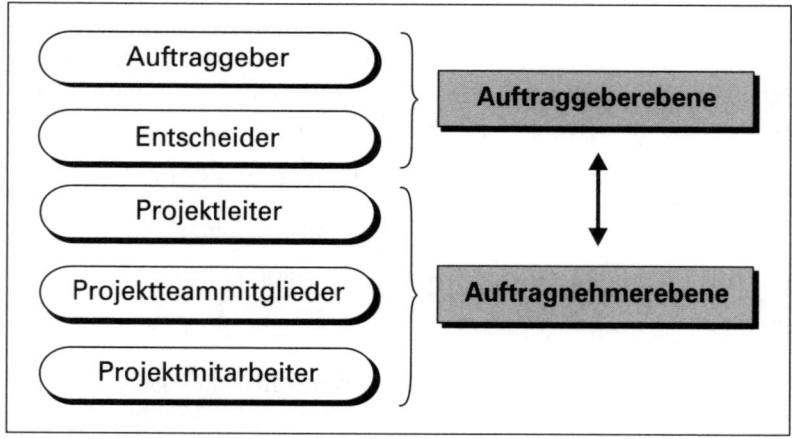

▶ Auftraggeber

Die Ebene Auftraggeber kann in die Bausteine Auftraggeber (Projektinitiator) und Entscheider aufgesplittet werden. Dies ist meistens in großen Unternehmen der Fall, in denen der Auftraggeber keine Kapazitäten zur Verfügung hat, um das Projekt im weiteren Verlauf zu betreuen. In so einem Fall ist der Baustein Auftraggeber Initiator des Projektes, das heißt, er genehmigt das Projekt und übergibt es dann an den Projektentscheider. Der Auftraggeber muß immer der kleinste gemeinsame Nenner aller am Projekt beteiligten Stellen sein. Er muß Entscheidungsbefugnis über alle Projektbeteiligten haben.

▶ Projektentscheider

Der Projektentscheider ist derjenige, der die unternehmerische Verantwortung für das Projektergebnis trägt. Er hat in allen Belangen des Projektes Entscheidungsbefugnis. Der Projektentscheider kann auch Auftraggeber des Projektes sein. Bei der Auswahl des Projektentscheiders ist darauf zu achten, daß er in der Hierarchie relativ hoch angesiedelt ist. Er benötigt umfassende Entscheidungskompetenz. Nur so ist gewährleistet, daß die getroffenen Entscheidungen auch von den verschiedenen Abteilungen akzeptiert werden.

▶ Projektleiter

Der Projektleiter erhält Weisung vom Entscheider und berichtet direkt an ihn. Die Projektleitung umfaßt die Projektplanung, das Ingangsetzen, Koordinieren und Kontrollieren der Projektarbeiten. Die Auswahl des Projektleiters stellt viele Auftraggeber vor Schwierigkeiten. Aus welcher Hierarchiestufe soll der Projektleiter kommen? Grundsätzlich gibt es keine Standardlösung. Bei der Auswahl ist jedoch zu beachten: Wählt man einen Mitarbeiter der oberen Führungsebene als Projektleiter, hat er es – bedingt durch seine Linienmacht einfacher, bestimmte Ergebnisse in der Linie umzusetzen. Der Nachteil ist jedoch, daß solche Führungskräfte meistens nicht genügend Zeit haben, um die Projektleitungsaufgabe vollständig wahrzunehmen. Setzt man dagegen eine Führungskraft der unteren Ebene oder einen Sachbearbeiter als Projektleiter ein, so kann dieser zwar meistens für seine neue Aufgabe weitestgehend freigestellt werden, er wird jedoch aufgrund seiner geringen Entscheidungskompetenzen Schwierigkeiten haben, bestimmte Ergebnisse in der Linie umzusetzen.

► Projektteammitglieder

Ein Projektteammitglied ist nicht nur Ausführender, sondern nimmt auch aktiv an der Planung und Steuerung des Projektes teil. Es ist verantwortlich für die Abwicklung ihm übertragener Aufgaben. In großen Projekten können Teammitglieder auch Teilprojektleiter sein. Das Teammitglied erhält Weisung vom Projektleiter und berichtet direkt an ihn. Oft stellt sich bei der Zusammensetzung von Projektteams die Frage, ob es legitim ist, Mitarbeiter aus verschiedenen Hierarchiestufen zusammenzuziehen. Auch da hängt es sehr stark von der Unternehmenskultur ab. Grundsätzlich ist bei der Zusammensetzung darauf zu achten, daß die Know-how-Träger der Projektaufgabe vertreten sind.

► Projektmitarbeiter

Die durch die Projektleitung und das Team geplanten Aufgaben werden durch Arbeitsanweisung an die Linienmitarbeiter weitergegeben, die somit für die Dauer der Bearbeitung Projektmitarbeiter sind. Ein Projektmitarbeiter ist nicht in das Gesamtprojekt eingebunden. Er übernimmt Aufgaben aufgrund seiner fachlichen Qualifizierung.

PM-Modelle in der Aufbauorganisation

Ein Projekt wird nicht im „luftleeren Raum" abgewickelt, sondern innerhalb einer vorhandenen Organisation, die „irgendwie" in das Projekt eingebunden ist. Von daher ist es von entscheidender Bedeutung für das Projektteam und den Projektleiter, einen Handlungs- und Kompetenzrahmen zu definieren und eine klare Abgrenzung zur Linienorganisation zu vollziehen. Nur, wenn jeder weiß, wofür er verantwortlich ist, können Aufgaben eindeutig delegiert werden.

Bestandteil der PM-Modelle ist die Festlegung von Aufgaben, Verantwortung und Macht für die einzelnen Bausteine. Es existieren drei Grundmodelle, die wiederum durch Veränderung der zugewiesenen Aufgaben und Macht firmenspezifisch angepaßt werden können:

– Reines Projektmanagement,
– Matrix-Projektmanagement,
– Einfluß-Projektmanagement.

Bei allen Modellen gilt jedoch für alle PM-Bausteine der Grundsatz des Gleichgewichtes zwischen:

– Funktion/Aufgaben/Pflichten,
– Verantwortung,
– Macht/Befugnissen/Rechten.

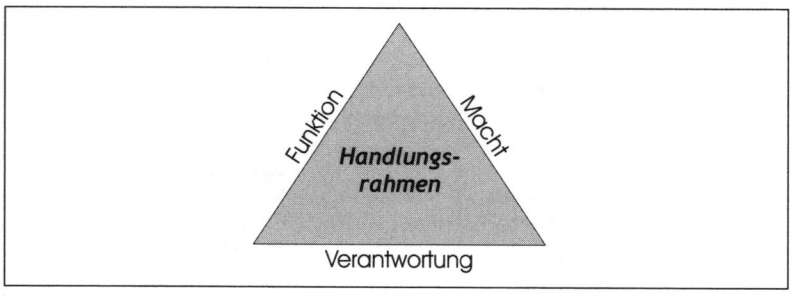

Nur wenn ein Baustein die Macht (das Recht) bekommt, die er benötigt, um die ihm übertragenen Aufgaben zu bewältigen, kann er auch die Verantwortung dafür übernehmen. Die Erfahrung zeigt jedoch, daß in der Praxis die Projektleiter oft sehr viel Verantwortung übertragen bekommen, in den seltensten Fällen aber die Macht haben (bekommen), diese Verantwortung tragen zu können. In dem Fall haben wir eine Schieflage des Dreiecks.

Schieflagen des Dreiecks entstehen durch unzureichende Kontraktklärung. Wenn nämlich der Projektleiter bei der Übernahme der Projektaufgabe nicht seinen Handlungsrahmen sauber abklärt, sind Konflikte bei der Abwicklung vorprogrammiert.

Der Handlungsrahmen

Die folgende Übersicht erläutert den Handlungsrahmen des Projektleiters:

Bestandteile	Fragen	Beispiele
Funktion/ Aufgaben	▪ Was muß ich tun? ▪ Welche Funktionen muß ich übernehmen?	▪ moderieren ▪ planen ▪ informieren ▪ anweisen ▪ kontrollieren
Verantwortung	▪ Welche Verpflichtung habe ich gegenüber Dritten? ▪ Wofür muß ich Rechenschaft ablegen?	▪ Erreichung der Projektziele ▪ Einhaltung der Termine ▪ Sicherstellung der Information an den Entscheider
Macht	▪ Welche Rechte und Befugnisse habe ich? ▪ Wem gegenüber bin ich weisungsbefugt?	▪ Arbeitsverteilung ▪ Zugang zu Informationen ▪ Kontrolle der Arbeitsergebnisse ▪ Unterzeichnung von Verträgen ▪ Zugriff auf Budget

Möglichkeiten zur Gestaltung des Handlungsrahmens

Bei der Definition des Handlungsrahmens für die einzelnen Bausteine muß sorgfältig darauf geachtet werden, daß immer ein Gleichgewicht zwischen den Funktionen, der übernommenen Verantwortung und der übertragenen Macht vorhanden ist. Die nachfolgende Aufstellung ist eine Sammlung möglicher Ausprägungen des Handlungsrahmens, bezogen auf die einzelnen Bausteine. Anhand dieser Beispiele kann sich jedes Unternehmen, entsprechend des ausgewählten PM-Modells, seinen individuellen Handlungsrahmen erstellen. Das Ergebnis ist ein wesentlicher Bestandteil der Projektaufbauorganisation.

Näher untersucht werden:

– Auftraggeber,
– Entscheider,
– Projektleiter,
– Projektteammitglieder,
– Projektmitarbeiter/Linienmitarbeiter.

Auftraggeber

▶ Mögliche Funktionen

– Entscheidung: Welche Aufgabe wird zum Projekt?
– Projekte initiieren
– Entscheider auswählen
– Entscheider mit notwendigen Ressourcen ausstatten
– Entscheidungen zwischen konkurrierenden Projekten treffen

▶ Mögliche Verantwortung

– Verantwortung für die „richtigen" Ziele (Zeitpunkt, Inhalt)
– Verantwortung für die Projektauswahl und die Zielvorgaben
– unternehmerische Verantwortung

▶ Mögliche Macht

- Ressourcen für einzelne Projekte bereitstellen
- Informationen über den Entscheider anfordern
- Projektziele verändern
- Projekt stoppen
- Entscheider abberufen

Entscheider

▶ Mögliche Funktionen

- Vorbereitung und Durchführung einer konstituierenden Sitzung und Festlegung der weiteren Modalitäten
- Benennung des Projektleiters und der Teammitglieder
- Ausstattung des Projektleiters mit Ressourcen und Macht
- Information der betroffenen Bereiche über das Projekt
- Teilnahme an den mit dem Projektleiter vereinbarten Meilensteinsitzungen
- Überwachung des Projektteams hinsichtlich der Erfüllung des Projektauftrages durch Abnahme der Meilensteinergebnisse
- Durchsetzung der vom Projektteam vorgelegten und positiv entschiedenen Planungsergebnisse in der Linienorganisation
- Klärung von Konflikten zwischen Projekt und Linie
- Entlastung des Projektteams am Projektende

▶ Mögliche Verantwortung

- Gesamtverantwortung für Zielerreichung
- Verantwortung für die Prioritätensetzung zwischen Projekt und Linienorganisation und daraus folgenden Konsequenzen
- Verantwortung für die Überwachung der Projektrisiken

▶ Mögliche Macht

- Entscheidung über Projektleitung und Teammitglieder
- Entscheidung über die vom Projektteam vorgelegten Planungsergebnisse
- Entscheidung über Ressourceneinsatz

- Entscheidung über Zielkorrekturen/Auftragsänderung
- Entscheidung über Projektstopp

Projektleiter

▶ Mögliche Funktionen

- steuert die Projektarbeit so, daß die Projektziele realisiert werden
- definiert mit dem Entscheider den Projektauftrag
- konkretisiert den Projektauftrag (prüft Realisierbarkeit)
- holt alle projektrelevanten Informationen ein und informiert die Teammitglieder
- informiert die Linienorganisation
- plant die Projektaufgaben
- erarbeitet einen Meilensteinplan
- plant Kosten, Ressourcen und Zwischenziele
- ermittelt den Bedarf an Ressourcen und Kapazitäten und klärt diesen mit der Linienorganisation ab
- schlägt dem Entscheider Teammitglieder vor
- benennt Stellvertreter
- legt Arbeitszeit für die Teammitglieder einschließlich Urlaub, Kurse etc. in Abstimmung mit der Linienorganisation fest
- bereitet Teamsitzungen vor und leitet diese
- bestimmt Arbeitsumfang, Bearbeitungsfolgen, Vorgehensweise und Termine in Abstimmung mit seinen Teammitgliedern
- stellt das Ausarbeiten von Lösungsvorschlägen sicher und bewertet diese
- führt Soll/Ist-Vergleiche für Termine/Kosten/Zwischenergebnisse durch
- bereitet Meilensteinsitzungen vor
- meldet gravierende Abweichungen zwischen Meilensteinsitzungen
- stellt die Projektdokumentation sicher
- stimmt seinen projektspezifischen Kompetenzrahmen mit dem Entscheider ab
- stellt sicher, daß das Projekt nach Projektmanagement-Regeln abgewickelt wird
- überwacht die Risiken und informiert gegebenenfalls den Entscheider

► Mögliche Verantwortung

- Einhaltung der Termine
- Einhaltung der Kosten
- Erreichung der Ergebnisse
- Erreichung der Projektziele
- Verantwortung für den Informationsstand des Entscheiders
- Verantwortung im Rahmen der ihm übertragenen Kompetenzen
- Definition der Risiken

► Mögliche Macht

- disziplinarische Weisungsbefugnis gegenüber den Teammitgliedern
- funktionale Weisungsbefugnis gegenüber den Teammitgliedern
- fachliche Weisungsbefugnis gegenüber den Teammitgliedern
- Verfügung/Verwaltung über genehmigte Projektressourcen
- an Weisungen des Projektentscheiders und nicht an Weisungen der Linie gebunden
- Projektleitung begründet ablehnen
- Teammitglieder vorschlagen
- Entscheidung über Lösungsvorschläge und deren Vorlage beim Entscheider
- Entscheidung über Art und Umfang der Informationen an die Linienorganisation
- Entscheidung über Teilnahme von Teammitgliedern und Projektmitarbeitern an Meilensteinsitzungen
- Vetorecht bei Teamentscheidungen
- Entscheidungen im Konfliktfall innerhalb des Teams
- Zugang zu allen projektrelevanten Informationen

Teammitglied

► Mögliche Funktionen

- Projektmitarbeiter vorschlagen
- Projektarbeit für die übernommenen Teilaufgaben so steuern, daß das Projektziel/die Ergebnisse realisiert werden

- Meilensteingefährdende Abweichungen sofort dem Projektleiter melden
- bei der Planung des Gesamtprojektes mitwirken
- seine Teilaufgaben planen
- alle projektrelevanten Informationen einholen
- Bedarf der Ressourcen und Kapazitäten ermitteln und diesen mit dem Projektleiter und der Linie abklären
- Entscheider an den Meilensteinterminen über den Stand des Projektes informieren
- Linienorganisation informieren
- Ressourcen der Teilaufgabe verwalten
- direkten Vorgesetzten über benötigten Ressourcenbedarf informieren
- Teilaufgabe mit anderen Teammitgliedern abstimmen
- andere Teammitglieder in kritischen Phasen unterstützen
- Risiken überwachen
- Dokumentation seiner Teilaufgabe sicherstellen

▶ Mögliche Verantwortung

- Terminverantwortung für die im Rahmen des Projektes zugeordneten/übernommenen Teilaufgaben
- Kostenverantwortung für die im Rahmen des Projektes zugeordneten/übernommenen Teilaufgaben
- Ergebnisverantwortung für die im Rahmen des Projektes zugeordneten/übernommenen Teilaufgaben
- Verantwortung für den Informationsstand des Projektleiters
- Verantwortung für die Arbeitsfähigkeit des Teams
- Definition der Risiken

▶ Mögliche Macht

- ist an die Weisungen der Linie nicht gebunden
- hat direkten Zugang zum Projektleiter
- hat das Recht, die Mitarbeit im Projekt begründet abzulehnen
- verfügt über die ihm bereitgestellten Ressourcen
- verwaltet das Budget für seine Teilaufgabe

Projektmitarbeiter

▶ Mögliche Funktionen

- bearbeitet die Projektarbeit für die übernommenen Teilaufgaben so, daß das Projektziel/die Ergebnisse realisiert werden
- holt alle projektrelevanten Informationen ein
- informiert das Projektteam über Arbeitsfortschritte beziehungsweise erkennbare Abweichungen
- führt zusammen mit dem Projektteam die Planung für die
  übernommenen Teilaufgaben durch
- ermittelt den Bedarf der Ressourcen und Kapazitäten und klärt
  diesen mit dem Projektteam ab
- nimmt auf Wunsch des Teams an Teamsitzungen oder Meilensteinsitzungen teil
- meldet dem Projektteam den Ressourcenverbrauch
- führt Soll/Ist-Vergleich durch und weist das Projektteam
  frühzeitig auf erkennbare Abweichungen hin
- stellt die Projektdokumentation für die Teilaufgabe sicher
- macht Abschlußmeldung

▶ Mögliche Verantwortung

- Terminverantwortung für die im Rahmen des Projektes zuge-
  ordneten/übernommenen Teilaufgaben
- Kostenverantwortung für die im Rahmen des Projektes zuge-
  ordneten/übernommenen Teilaufgaben
- Ergebnisverantwortung für die im Rahmen des Projektes
  zugeordneten/übernommenen Teilaufgaben
- Verantwortung für den Informationsstand des Projektleiters
  beziehungsweise der Teammitglieder
- für das Ergebnis seiner Arbeit entsprechend der Vorgabe von
  Projektleiter/Teammitglied

▶ Mögliche Macht

- übertragene Linienmacht, eingeschränkt um die Macht, die
  dem Projektleiter/Projektteam übertragen wurde
- fachliche Kompetenz

– Informationsrecht über seine übernommene Teilaufgabe vom Projektleiter/Teammitglied

Reines Projektmanagement

Reines Projektmanagement ist das Modell, bei dem der Projektleiter die meisten Kompetenzen bekommt. Dadurch trägt er natürlich auch die größte Verantwortung. Der Vorteil dieses Modells liegt in der klaren Festlegung von Kompetenzen und Verantwortung und in der daraus resultierenden schnellen Abwicklung des Projektes. Nachteil ist, daß meistens die Ergebnisse des Projektteams nicht von der Linienorganisation akzeptiert, sondern eher als Fremdkörper betrachtet werden. Beim reinen Projektmanagement wird sozusagen für die Dauer des Projektes eine „Abteilung auf Zeit" gegründet. Die wesentlichen Merkmale sind:

▶ Der Projektleiter hat volle Weisungsbefugnis gegenüber dem Team.

▶ Der Projektleiter trägt die volle Verantwortung für die Erreichung der Sach-, Termin- und Kostenziele.

▶ Die Projektorganisation ist eine selbständige Einheit.

▶ Geeignet bei strategisch wichtigen Projekten.

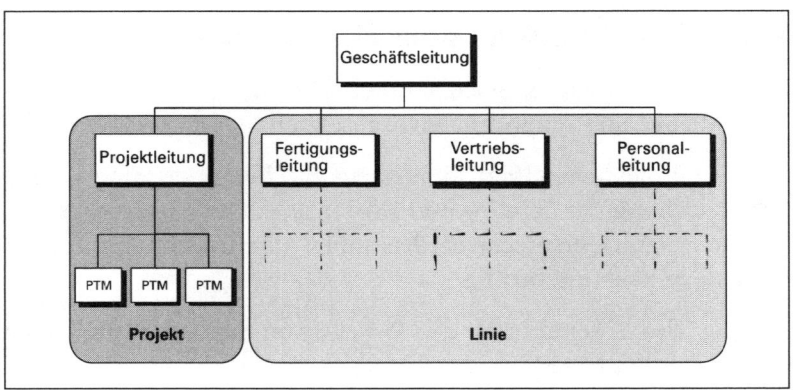

Matrix-Projektmanagement

Das Matrix-Projektmanagement ist das häufigste Modell. Es verlangt eine exakte Aufteilung von Kompetenzen und Verantwortung zwischen Projekt und Linie, sonst haben die Projektteammitglieder erhebliche Schwierigkeiten, zielgerichtet zu arbeiten, da sie „zwei Herren dienen müssen", dem Projektleiter und ihrem Linienvorgesetzten. Welche Anweisungen von wem haben sie Folge zu leisten? Wer ist für welche Anweisungen verantwortlich?

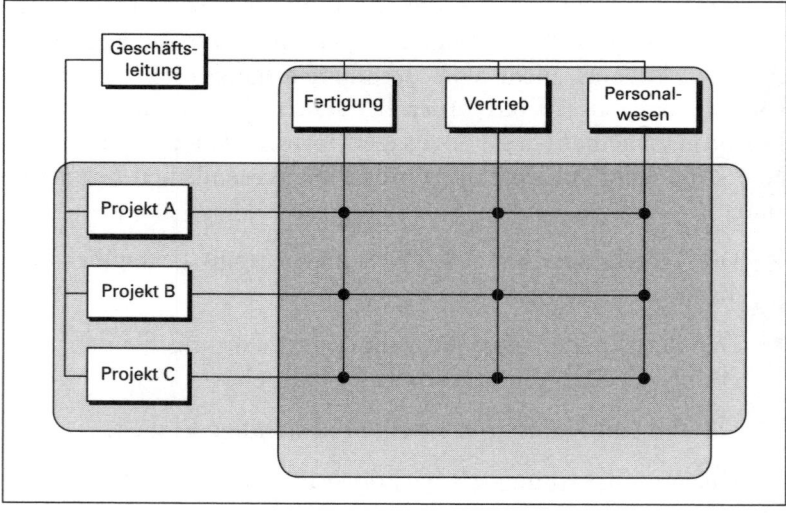

Wesentliche Merkmale des Matrix-Projektmanagements

▶ Die Projektteammitglieder unterstehen gleichzeitig dem Projektleiter und ihrem Linienvorgesetzten.

▶ Der Projektleiter trägt mindestens die Verantwortung für die Erreichung der Termin- und Kostenziele. Die Linienvorgesetzten tragen entsprechend den ihnen übertragenen Aufgaben eine Mitverantwortung.

▶ Der Projektleiter und die Projektteammitglieder sind auch Linienmitarbeiter.

Das Matrix-Projektmanagement kommt häufig vor und kennt viele Varianten. Sie unterscheiden sich darin, wie die Weisungs- und Kontrollbefugnisse und Verantwortungen zwischen Linienvorgesetzten und Projektmanagement-Bausteine aufgesplittet sind.

Der Vorteil der Matrixorganisation liegt darin, daß sowohl Projektleiter als auch Linie für das Projektergebnis verantwortlich sind. Es besteht somit der Zwang zu einer sehr starken Kooperation und Abstimmung zwischen Projekt und Linie. Nachteil ist jedoch, daß die oft sehr schwer zu trennenden Verantwortungen zwischen Linie und Projekt, dazu führen, daß eine Rechtfertigungskultur entstehen kann. Zum Schluß ist „immer der andere schuld" wenn etwas schief läuft.

Beispiele für Varianten des Matrix-Projektmanagements

a) Trennung zwischen fachlich/funktionaler und disziplinarischer Weisung

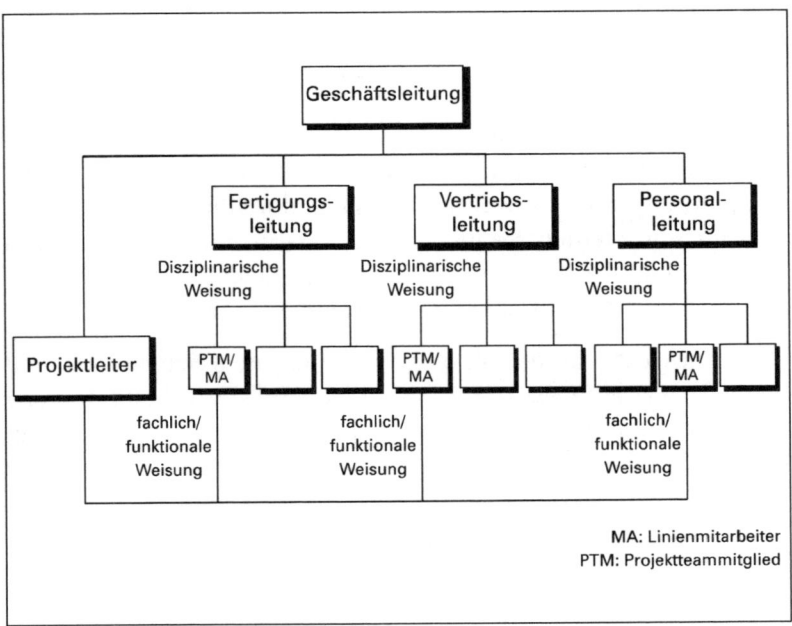

b) Trennung zwischen fachlicher und funktionaler Weisung

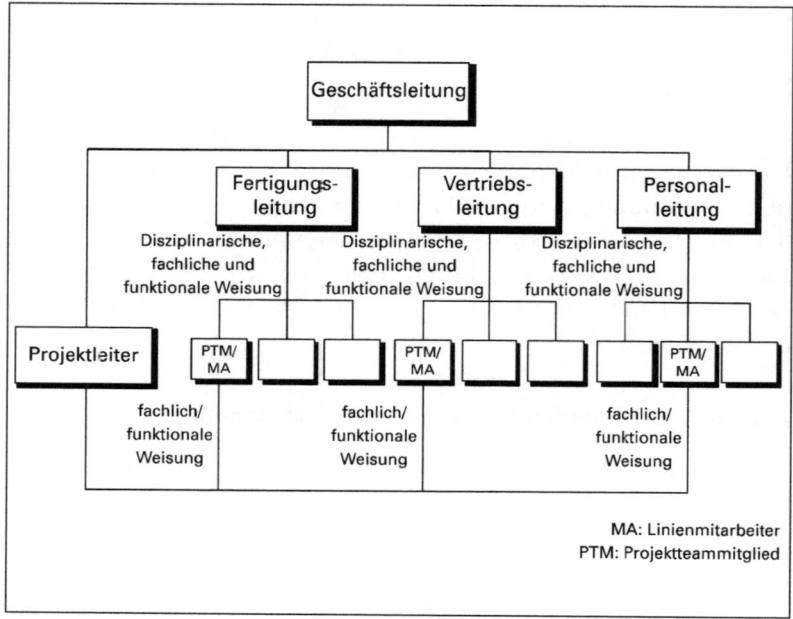

Bei diesem Modell behält die Linie das disziplinarische Weisungsrecht. Das funktionale und fachliche Weisungsrecht wird aufgeteilt. Die Linie bestimmt, wer die Maßnahmen durchführt und wie diese durchgeführt werden. Sie gibt also die Personen und das Verfahren vor und trägt die Verantwortung für die Qualität des Ergebnisses entsprechend der Vorgaben des Projektmanagements.

Der Projektleiter bestimmt, was, bis wann mit welchem Aufwand gemacht werden soll. Er legt also Ziele (Soll-Vorgaben), Termine und Kostenrahmen fest und trägt die Verantwortung für Ergebnisziele, Termine und Kosten.

Einfluß-Projektmanagement

Bei diesem Modell besitzt der Projektleiter keine zusätzlichen Kompetenzen. Die komplette Verantwortung und Macht bleibt in der Linie. Der Projektleiter ist mehr ein Koordinator der verschiedenen Mitarbeiter der Abteilungen. Dadurch, daß der Projektleiter keine Macht hat, stößt er immer wieder auf Schwierigkeiten bei der Umsetzung der Projektergebnisse. Dies führt dazu, daß das Projekt sich oft sehr in die Länge zieht. Vorteil dieses Modells: Wenn ein Projekt abgeschlossen wird, kann man sicher sein, daß die Akzeptanz in der Linie sehr hoch ist, da diese die Entscheidungen maßgeblich mitbeeinflußt hat.

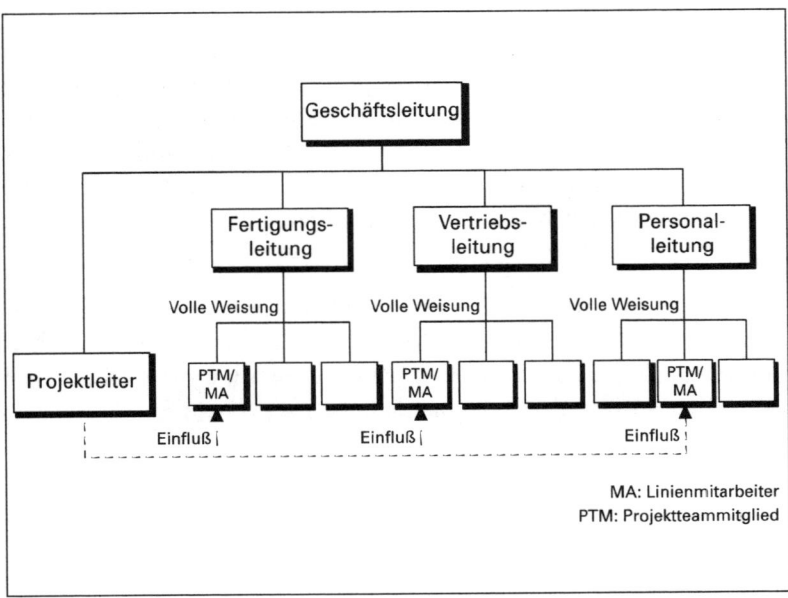

Wesentliche Merkmale des Einfluß-Projektmanagements:

▶ Der Projektleiter hat keinerlei Weisungsbefugnisse gegenüber der Linie und den Teammitgliedern. Er koordiniert sie mittels seiner Einflußmöglichkeit als Person.

▶ Die primäre Aufgabe des Projektleiters ist die Koordination der beteiligten Linienbereiche.

▶ Der Projektleiter ist verantwortlich für den aktuellen Informationsstand des Projektentscheiders.

▶ Im Einfluß-Projektmanagement ist der Entscheider der „informelle" Projektleiter, da alle Weisungsbefugnisse in der Linie beziehungsweise beim Entscheider liegen.

▶ Der Projektleiter ist für die Qualität der von ihm erstellten Entscheidungs- und Planungsvorlagen verantwortlich.

▶ Geeignet für Projekte mit wenig Risiko und geringem Zeitdruck. Wird in der Organisationsentwicklung angewandt.

Der Vorteil des Einfluß-Projektmanagements liegt in der absoluten Integration der Linie in das Projektgeschehen. Die Linie behält die volle Verantwortung und somit auch das Recht, den Projektverlauf maßgeblich zu beeinflussen. Projekte, die mit Einfluß-Projektmanagement umgesetzt werden, erreichen meistens eine hohe Akzeptanz bei den betroffenen Linienbereichen.

Nachteil ist jedoch, daß sich niemand „richtig" für das Gesamtprojekt verantwortlich fühlt. Es gibt niemand, der nur die Projektinteressen vertritt, und auch die Macht hat, bestimmte Entscheidungen „pro Projekt" zu treffen. Projekte werden oft zerredet und versanden aufgrund unterschiedlicher Interessenlagen.

Projektauftrag

Der Weg zum Projektauftrag

Insbesondere bei internen Projekten ist die Projektinitiierung ein undurchsichtiger Prozeß. Wie kommt es eigentlich zum Projektauftrag? Wer stellt den Projektauftrag? Von wem stammt die Idee für das Projekt?

Am Anfang steht immer erst einmal eine Idee. Um von der Projektidee zum Projektauftrag zu gelangen, ist es für viele Projekte sinnvoll, ein systematisches Vorgehen zu wählen. Ein Beispiel dafür ist die „Systemische Projektplanung". Folgende Abbildung zeigt, wie der Weg von der Idee zum Projekt aussehen kann:

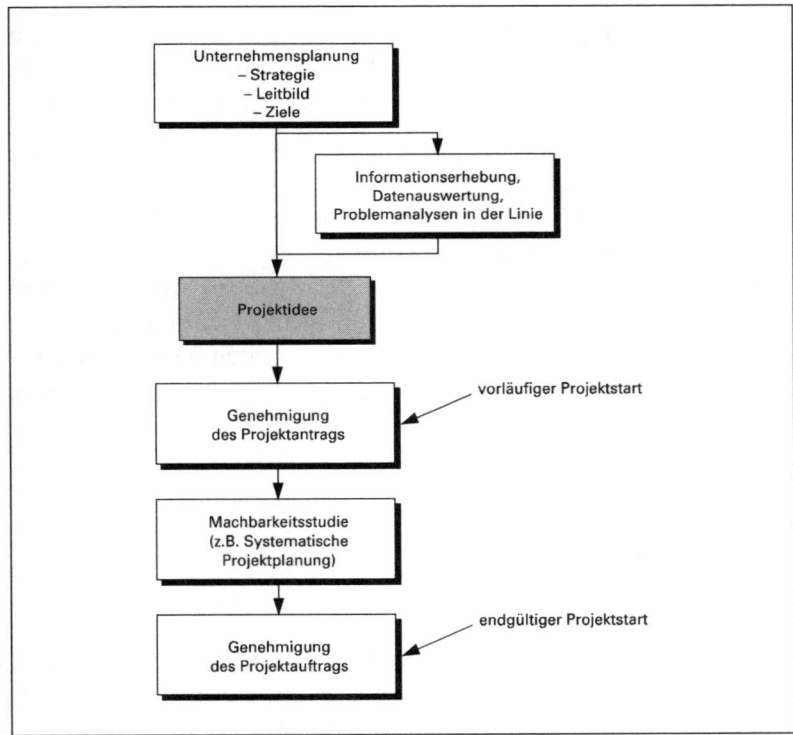

Von der Idee zum Projektauftrag

Der Projektleiter als Auftragnehmer

Projektmanagement ist sehr stark auftragsbetont. Bevor mit der Planung des Projektes begonnen wird, ist es unabdingbar, einen Projektauftrag festzulegen.

▶ *Kein Projekt ohne Auftrag!*

Ein Projektauftrag ist eine zweiseitige Willenserklärung zwischen Auftraggeber und Auftragnehmer. Nur wenn beide Seiten sich mit dem Auftrag einverstanden erklären, sollte das Projekt beginnen.

Oft ist es so, daß der Auftraggeber Zielvorgaben festlegt, ohne diese mit dem Auftragnehmer abgestimmt zu haben. Er weiß meistens gar nicht, ob diese Ziele überhaupt erreichbar sind. Eine der wesentlichen Aufgaben des Auftragnehmers (Projektleiters) ist es somit, sich mit der Erreichbarkeit der Ziele vor Auftragsvereinbarung auseinanderzusetzen. Er muß sich ja dann verpflichten, diese auch zu erreichen. Nur wenn *beide* Seiten (Auftraggeber − Auftragnehmer) davon überzeugt sind, daß die Ziele realisierbar sind, sollte der Auftrag durch den Projektleiter angenommen werden.

Der Projektauftrag legt den

− *Handlungsbereich* und den
− *Verantwortungsbereich*

des Auftragnehmers fest.

Je genauer und feiner die Ziele im Projektauftrag definiert sind, desto mehr ist der Handlungsbereich des Projektleiters eingeschränkt. Wenn das Ziel zum Beispiel lautet:

Das Ferienhaus soll folgende Bedingungen erfüllen:

− ein Wohnzimmer 25 m^2,
− ein Arbeitszimmer 20 m^2,
− ein Schlafzimmer 28 m^2,
− ein Flachdach,
− eine Küche mit Kühlschrank, Spülmaschine, Herd,
− alle Zimmer mit Parkettboden,

- alle Zimmer tapeziert,
- alle Türen aus Holz,
- pro Zimmer zwei Holzfenster,
- Festpreis von DM 280 000,–,
- Übergabe erfolgt am 30. Mai,

ist der Handlungsbereich ein ganz anderer, als wenn das Ziel lauten würde:

Das Ferienhaus soll folgende Bedingungen erfüllen:

- drei Zimmer,
- zum günstigsten Preis,
- Übergabe schnellstmöglich.

Bestandteile des Projektauftrags

Es gibt viele Möglichkeiten, einen Projektauftrag auszuarbeiten. Folgende Inhalte müssen jedoch in jedem Auftrag behandelt werden:

Projektziele

Ein Projektziel ist ein Zustand in der Zukunft, der durch das Handeln der Projektbeteiligten erreicht werden soll. Die Projektziele müssen inhaltlich beschrieben sein. Jedes Ziel muß auch quantifiziert sein, das heißt, es wird eine Meßgröße dafür definiert. Projektziele können sowohl Ergebnisziele, Kostenziele als auch Terminziele sein. Die Projektziele können auch mit Prioritäten versehen werden.

Meßgröße

Die Projektbeteiligten werden an der Erreichung der Projektziele gemessen. Nur, wann sind diese Ziele erreicht? Da Projekte neuartige Aufgaben sind, fehlen in der Regel Bewertungsmaßstäbe, um die Zielerreichung zu überprüfen. Aus diesem Grund ist es notwendig, Meßgrößen festzulegen. Allen Beteiligten muß der

Maßstab für den Erfolg bekannt sein. Die Meßgröße ist somit die Maßeinheit für die Quantifizierung des Projektzieles.

Aufwand

Unter Aufwand werden alle Leistungen und Mittel definiert, die für die Planung und Durchführung des Projektes bereitgestellt werden müssen. Es geht nicht nur darum, die reinen Sachkosten aufzuführen, sondern auch die „Kapazität" der am Projekt beteiligten Personen zu bewerten. Bezüglich der „Kapazität" stehen die Projektbeteiligten häufig vor dem Problem, wie sie die Arbeitszeit kostenmäßig bewerten sollen. Hier gibt es unterschiedliche Modelle, von der *Vollkostenrechnung* (Gehalt + Umlagen und alle Sachkosten gehen zu Lasten des Projektes) bis zur reinen *Mehrkostenrechnung* (Gehälter + Umlagen für die Projektbeteiligten sowie die internen Sachkosten werden von der Linie getragen, es werden nur zusätzliche Aufwendungen, die nach außen fließen, wie zum Beispiel Rechnungen an Lieferanten, erfaßt).

Nutzen

Der Nutzen ist die monetäre Beschreibung aller Projektziele abzüglich des Aufwandes für das Projekt. Hier geht es darum, daß in D-Mark festgelegt wird, was das Erreichen der Projektziele dem Unternehmen „bringt". Es gibt jedoch eine Vielzahl von Projekten, bei denen die Ermittlung/Abgrenzung des monetären Nutzens Schwierigkeiten bereitet. Was ist zum Beispiel der Nutzen eines Projekts: „Einführung eines betrieblichen Vorschlagwesens" oder „Reduzierung des Krankenstands"? Deshalb wird bei der Erstellung des Projektauftrages häufig mit Annahmen gearbeitet. Es hat jedoch den Vorteil, daß sich der Projektleiter sehr früh auch mit dem betriebswirtschaftlichen Aspekt des Projektergebnisses auseinandersetzen muß und somit von Anfang an eine Relation zwischen Aufwand und Nutzen bekommt.

Randbedingungen

Ein Projekt wird nicht im luftleeren Raum, sondern innerhalb eines gegebenen Umfelds abgewickelt. Der Projektleiter und sein Team müssen sich an bestimmte Vorgaben halten, die durch die Organisation/das System, in dem sie sich befinden, vorgegeben wird. Je mehr Randbedingungen existieren, desto mehr wird der Spielraum des Projektleiters eingeschränkt. Computerhersteller haben zum Beispiel oft bei neuen Projekten die Randbedingung, daß die Software, die auf dem Vorgängermodell lief, auch auf dem neuen Rechner laufen muß.

Risiken

Bei jedem Projektauftrag muß aufgezeigt werden, welche Faktoren gegen ein Erreichen der Projektziele sprechen. Eine Risikoanalyse soll Ereignisse beschreiben, die die Erreichung der Projektziele gefährden und vom Projektteam nicht beeinflußt werden können. Die Projektrisiken liegen im Verantwortungsbereich des Auftraggebers.

Festlegung der Projektorganisation

Die PM-Bausteine müssen definiert sein, das heißt, der Entscheider, der Projektleiter und die Projektteammitglieder müssen benannt und ihre Freistellung abgestimmt sein. Für alle Projektbeteiligten müssen Funktionen, Verantwortung und Macht definiert sein.

Zusatzvereinbarungen

Zu jedem Auftrag können zusätzliche Vereinbarungen getroffen werden. Diese sollten jedoch schriftlich festgehalten und dem Auftrag beigefügt werden.

Projektaufträge können in einem Unternehmen auch standardisiert werden. Folgende Abbildung zeigt, wie ein Projektauftragsformular aussehen kann.

Projektname:
Projektnummer:
Projektleiter:

Kurzbeschreibung des Projektes:

Ziele / Beschreibung	Meßbares Ergebnis	Nutzen p. a.	Einmaliger Aufwand	Rand-bedingungen	Risiken
Oberziel					
Projektziel					
Teilziele					

Auftraggeber:
Entscheider:

Spielraum des Entscheiders:

Projektteam:

Bereich	Name	Bereich	Name

Projektstart:
Projektende:
Start Diagnose:
Ende Diagnose:

Datum: Auftraggeber: Entscheider: Projektleiter:

Beispiel eines Projektauftragsformulars

Projektauftrag und Projektrisiken

Jeder Projektauftrag ist mit gewissen Unwägbarkeiten verbunden. Da der Projektleiter die Verantwortung für den Projektauftrag übernimmt, ist es wichtig, daß er die Risiken des Projektes genau kennt und von Anfang an auch klargestellt ist, wer für diese Risiken gerade stehen muß. Auf der anderen Seite ist es auch sehr wichtig, daß der Auftraggeber informiert ist, welche Faktoren dazu führen können, daß seine bewilligten Mittel nicht zum gewünschten Erfolg führen.

Prinzipiell können drei Arten von Risiken die Erreichung des Projektergebnisses gefährden:

Planungsrisiken

Planungsrisiken sind Planungsfehler. Diese können entweder durch fehlende Informationen, falsch interpretierte Informationen oder falsche Informationen zustande kommen.

Umsetzungsrisiken

Umsetzungsrisiken sind Risiken, die bei der Realisierung des Projektes auftreten und zum Zeitpunkt der Planung nicht oder nur schwer voraussehbar waren.

Umfeldrisiken

Umfeldrisiken ergeben sich durch eine Veränderung des Umfelds oder der Unternehmenslandschaft.

Die definierten Projektrisiken können auch in Form eines Risikoportfolios dargestellt werden. Auf der X-Achse kann zum Beispiel die Eintrittswahrscheinlichkeit des Risikos bewertet werden, auf der Y-Achse die Konsequenzen beziehungsweise die potentielle Gefahr für das Projekt oder das Unternehmen.

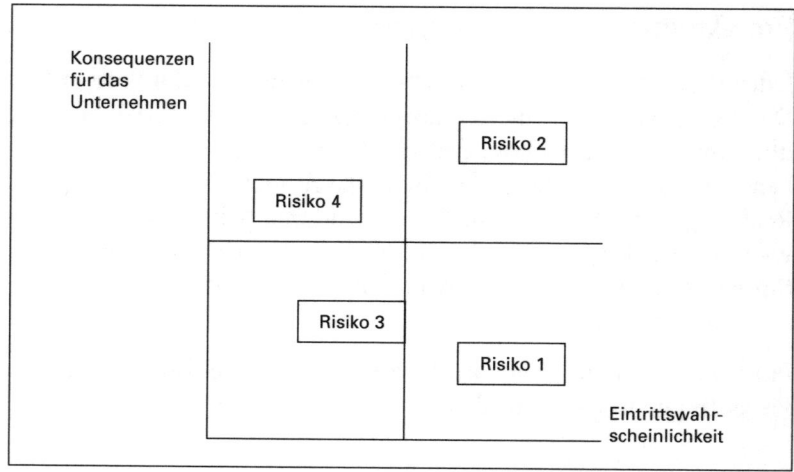

Risiko-Portfolio

Folgender Fragenkatalog kann dem Projektleiter als eine Art „Checkliste" bei der Analyse der Projektrisiken dienen. Je mehr diese Fragen verneint werden, desto größer ist die Wahrscheinlichkeit, daß das Projekt nicht zum gewünschten Erfolg führen wird.

Fragen zu Planungsrisiken

▶ Ist der Projektauftrag vollständig definiert?

▶ Ist ein konkretes Pflichtenheft vorhanden?

▶ Sind die Arbeitspakete mit den Linienbereichen inhaltlich abgestimmt?

▶ Gibt es klare Zielvorgaben seitens des Auftraggebers?

▶ Wurden die Projektrisiken ermittelt und in die Planung eingebaut?

▶ Steht die Unternehmensleitung hinter dem Projekt?

▶ Wurden konkrete Zwischentermine festgelegt, anhand derer man den Stand des Projektes ermitteln kann?

Fragen zu Umsetzungrisiken

▶ Ist für die Abwicklung des Projektes genügend Know-how im Projektteam vorhanden?

- ▶ Sind die Prioritäten zwischen Projekt und Linie mit den Fachabteilungen und dem Auftraggeber geklärt?
- ▶ Stellen die Fachabteilungen die genehmigten Ressourcen und Kapazitäten zur Verfügung?
- ▶ Steht die Unternehmensleitung zu den definierten Prioritäten?
- ▶ Sind die Techniken, die im Projekt eingesetzt werden, im Projektteam bekannt?
- ▶ Melden die Fachabteilungen Abweichungen rechtzeitig an den Projektleiter zurück?

Fragen zu Umfeldrisiken
- ▶ Sind die technologischen Alternativen geprüft worden?
- ▶ Sind die technologischen Trends bekannt und untersucht?
- ▶ Sind die Rahmenbedingungen im Unternehmen relativ konstant? (Keine Umstrukturierungen oder Veränderungen des Umfelds.)
- ▶ Ist zu erwarten, daß der Auftraggeber auch weiterhin zu seinen Zielvorgaben steht?
- ▶ Ist nicht zu erwarten, daß sich die Prioritäten des Projektes verändern?

Ablauforganisation

Das Phasenmodell

Während die Projektaufbauorganisation relativ unabhängig von Projektinhalten ist, wird die Ablauforganisation durchaus von konkreten Projektaufgaben geprägt. Projekte haben ein im voraus definiertes Ende. Die Durchführung der Vielzahl von Aufgaben ist über einen längeren Zeitraum zu disponieren. Zu diesem Zweck werden Phasen und Meilensteine festgelegt. Projektmanagement hält sich bei der Ablaufplanung an eine phasenorientierte Planung. Die Ablaufplanung eines Projektes ist durch folgende Begriffe stark geprägt:

Phase

Eine Phase ist ein in sich abgeschlossener Arbeitsabschnitt, der mit einem Meilenstein endet. Es handelt sich hierbei um einen Abschnitt, in dem das Projektteam autonom arbeitet. Die Dauer der Phasen und somit die Anzahl der Meilensteine werden durch folgende Parameter beeinflußt:

- Komplexität des Projektes,
- planbare, nachprüfbare Zwischenergebnisse,
- Zeithorizont (maximale Phasendauer drei bis vier Monate),
- Verfügbarkeit des Entscheiders,
- vom Entscheider gegebene Freiräume,
- Selbstständigkeit des Projektteams,
- wichtige Zwischen- oder Ecktermine.

Meilenstein

Ein Meilenstein ist ein überprüfbares Zwischenergebnis, das inhaltlich und terminlich definiert ist und eine Gesamtbeurteilung des Projektes erlaubt. An jedem Meilenstein gibt es eine Berichterstattung an den Projektentscheider, wobei das Projekt nur weitergeführt wird, wenn eine Entscheidung über die vorgelegten Ergebnisse gefällt wird. Die Entscheidung kann lauten:

- Wiederholung der letzten Phase,
- Nachbesserung bis zu einem festen Termin,
- Genehmigung der nächsten Phase,
- Projektstopp.

Der Meilenstein als Motivationsinstrument

Wenn mit einer neuen Aufgabe begonnen wird, sind die Beteiligten oft sehr motiviert und engagiert. Nach einiger Zeit verpufft jedoch die anfängliche Euphorie. Motivation und Engagement werden durch Alltagsstreß und Linienarbeit verdrängt. Das Ziel liegt noch in weiter Ferne. Die Projektarbeit wird nicht mit der entsprechenden Konsequenz verfolgt. Zu diesem Zeitpunkt entstehen in den meisten Projekten unnötige Zeitverzögerungen. Diese Zeit kann in der Regel zum Ende des Projektes nur mit erheblichem Aufwand und Streß aufgeholt werden. Dann heißt es oft: „Hätten wir doch im letzten halben Jahr nur mehr gemacht!" Zeit ist eines der kostbarsten Güter in Projekten. Einmal leichtfertig verschenkte Zeit ist nur schwer wieder einzuholen.

Folgende Abbildung verdeutlicht, wie in der Regel die Motivationskurve, und somit der Energieeinsatz des Projektteams, verläuft:

1. Periode: Neue Aufgabe = starkes Engagement, hohe Motivation.

2. Periode: Sättigungspunkt, kein Ziel vor Augen = sinkende Motivation, hier können Projekte abstürzen/versanden.

3. Periode: Endspurt = wieder ansteigende Motivation durch den Zwang, ein Ergebnis vorlegen zu müssen.

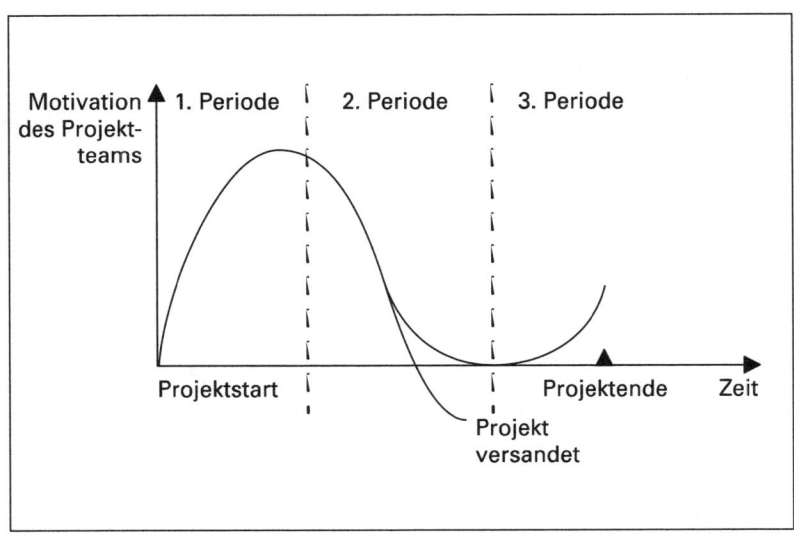

Typischer Verlauf der Motivation ohne Zwischenmeilensteine

Die dritte Periode fordert die Projektbeteiligten am stärksten. Dann wird oft bis in die Nacht gearbeitet, am Wochenende getagt usw. Verschleißerscheinungen im Projektteam bleiben nicht aus. All dies wäre nicht notwendig, hätte man von vornherein versucht, das Abflachen der Motivation im Projektteam zu verhindern.

In diesem Zusammenhang hat sich der Meilenstein als sinnvolles Instrument erwiesen, um Kontinuität in die Projektarbeit zu bringen, denn mit Meilensteinen werden dem Entscheider nachprüfbare Zwischenergebnisse präsentiert.

Meilensteine sind „öffentliche" Termine. Der Entscheider *muß*, die Teammitglieder *sollten* präsent sein. Die Ergebnisverantwortung am nächsten Meilenstein und die Tatsache, daß der Entscheider das Zwischenergebnis persönlich abnimmt, beeinflußt die Motivation positiv.

Trotz Meilensteinen, kann es während der einzelnen Projektphasen zu Höhen und Tiefen der Motivation kommen. Die Ergebniserwartung des Entscheiders im nächsten Meilenstein führt jedoch dazu, daß das Projektteam gezwungen ist, sich immer wieder zu motivieren.

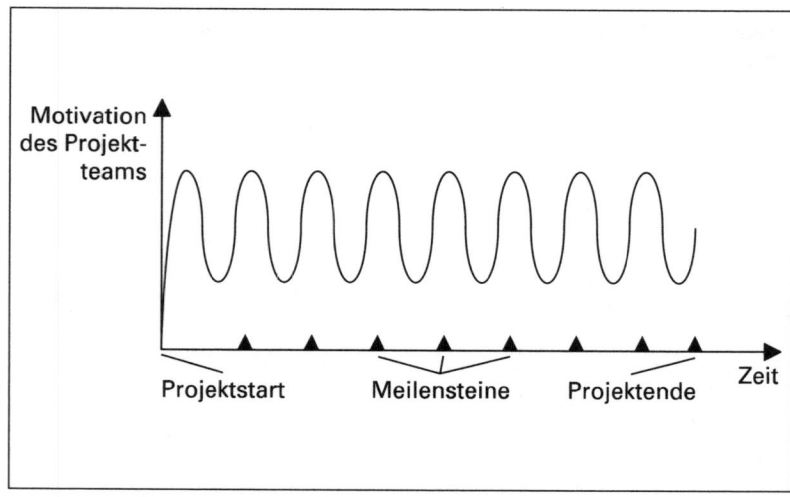

Verlauf der Motivation orientiert an Meilensteinen

Projektorganisation

Der Meilenstein als Orientierungshilfe

Jedem Projektbeteiligten ist klar, daß Ziele definiert werden müssen. Problematisch ist, daß diese meist „in ferner Zukunft" liegen und somit dem Projektteam in der Startphase keine ausreichende Orientierung bieten. Wenn dann keine Rückkopplung mit dem Auftraggeber des Projekts vorgenommen wird, um festzustellen, ob der eingeschlagene Weg der richtige ist, kommt es oft dazu, daß sich das Projekt in die falsche Richtung entwickelt. Oft werden Projektteams deshalb auch „U-Boot-Fahrer" genannt. Am Anfang des Projektes tauchen sie unter, während des Projektes fahren sie zaghaft das Periskop aus, um zu sehen, ob sie auf dem richtigen Weg sind, oder um dementsprechend Kurskorrekturen vorzunehmen. Den Projektteams fehlt ein „Leuchtfeuer", das ihnen zeigt, ob sie auf dem richtigen Kurs sind. Meilensteine können die fehlende Orientierungshilfe geben. Sie ermöglichen eine Aussage über den Projektverlauf und Projektstand. Starke Kursabweichungen sind gar nicht möglich, da mit den Meilensteinen die Zwischenziele verbindlich vorgegeben werden.

Der Meilenstein als Führungsinstrument

Aus Sicht des Entscheiders

Durch die Projektorganisation sind die Rollen genau definiert. Der Entscheider/Auftraggeber gibt die Ziele vor, und das Projektteam als Auftragnehmer versucht, diese zu erreichen. Im extremsten Fall bedeutet dies, daß der Entscheider nur zweimal in Erscheinung tritt: zu Beginn des Projektes, um die Ziele zu definieren, und zum Abschluß des Projektes, um das Ergebnis abzunehmen. Stellt der Auftraggeber dann fest, daß das Projektteam seine Zielvorgaben nicht erreicht hat (sei es aus Ressourcenmangel, Falschinterpretation der Ziele oder technische Schwierigkeiten), steht er vor vollendeten Tatsachen. Er kann das Ergebnis nicht mehr beeinflussen.

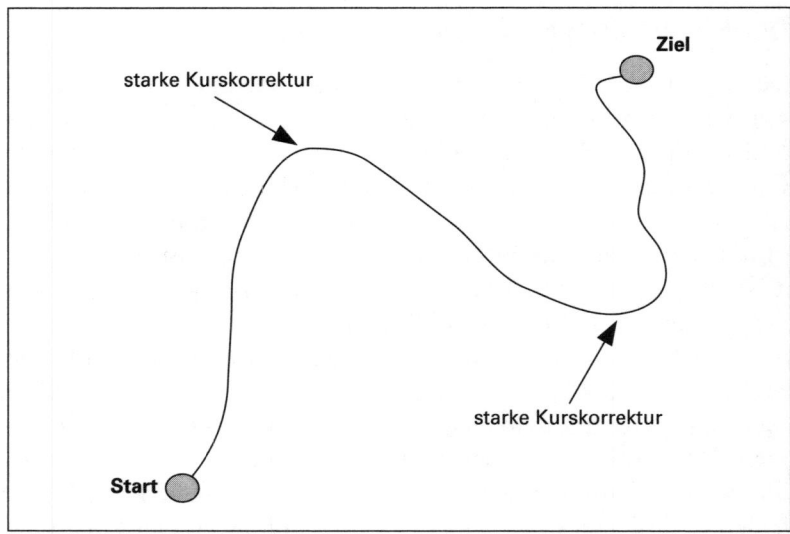

Projektverlauf ohne Meilensteine

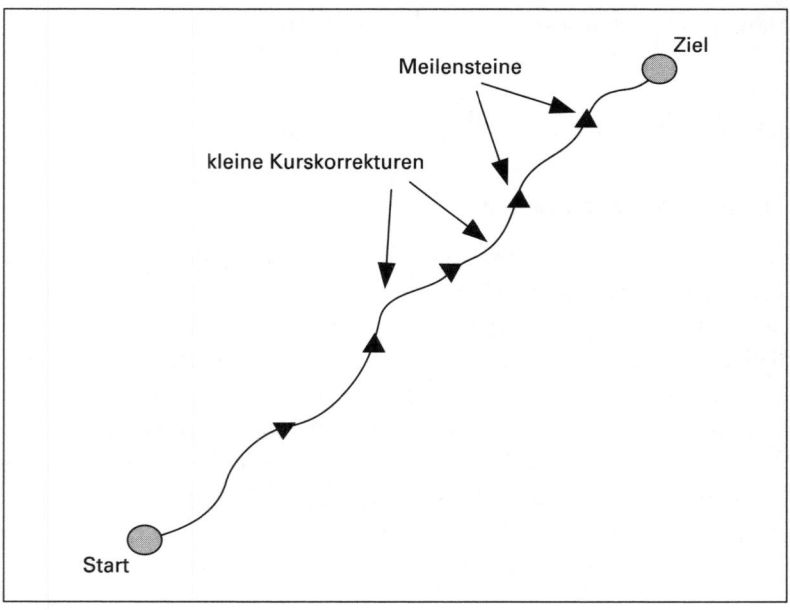

Projektverlauf mit Meilensteinen

Meilensteine ermöglichen dem Entscheider, rechtzeitig Zielabweichungen des Projektteams zu erkennen und frühzeitig Kurskorrekturen vorzunehmen.

Der Entscheider bestimmt ganz wesentlich die Dauer der Phasen und die Anzahl der Meilensteine. Setzt er viel Vertrauen in das Projektteam, so wird er längere Phasen zulassen. Will er jedoch in jeden Entscheidungsprozeß eingebunden sein, wird er mit seinem Projektteam kurze Phasenzyklen und somit viele Meilensteine vereinbaren. Die Aufgabe des Entscheiders ist es nicht, die Rolle eines Oberprojektleiters einzunehmen, sondern abzuwägen, wieviel Freiräume er dem Projektleiter/Projektteam einräumen kann. Er hat den Projektleiter im Rahmen der Projektaufgaben zu führen.

Aus Sicht des Projektleiters

Kommt es am Ende des Projektes zu einer Diskrepanz zwischen den ursprünglichen Zielvorgaben und dem erreichten Ziel, befindet sich der Projektleiter mit seinem Team in einer unangenehmen Situation. Er hat dann die Beweispflicht für die eingetretene Diskrepanz. Im nachhinein ist es jedoch oft sehr schwer nachzuvollziehen, weshalb welche Abweichung zustande kam. Vor allem dann, wenn der Zeitpunkt der letzten gemeinsamen Überprüfung sehr weit zurückliegt beziehungsweise keine Unterlagen über Zwischenergebnisse und Vereinbarungen vorliegen. Der Meilenstein bietet dem Projektleiter die Möglichkeit, die jeweiligen Zwischenergebnisse „absegnen" zu lassen und getroffene Vereinbarungen zu dokumentieren. Darüber hinaus gibt jeder Meilenstein dem Projektteam mehr Zuversicht, daß es sich auf dem richtigen Weg befindet, und somit einen Motivationsschub für die weitere Projektarbeit.

Standardphasen und projektindividuelle Phasen

Es gibt verschiedene Möglichkeiten, den Projektablauf zu strukturieren. In Unternehmen, in denen häufig ähnliche Projekte anfallen, kann es durchaus sinnvoll sein, den Projektablauf zu standardisieren. Ziel eines standardisierten Phasenplans ist es, eine einheitliche Systematik in verschiedenartigste Projekte einzubringen, um den Projektablauf transparenter und überschaubarer zu gestalten. Bei einer Standardisierung des Projektablaufs muß dann jedes Projekt zwingend die definierten Phasen durchlaufen. Vorteile einer solchen standardisierten Phasenorganisation sind:

▶ Viele Projektideen können verfolgt werden, da die Projektkosten erst in späteren Phasen ins Gewicht fallen.

▶ Kosten bleiben überschaubar, da für die Realisierungsphase nur die erfolgversprechendsten Projekte ausgewählt werden.

▶ Die Geschäftsleitung hat immer einen Gesamtüberblick über den Stand der einzelnen Projekte.

▶ Die Geschäftsleitung kann sich einen schnelleren und qualifizierteren Einblick in das Projekt verschaffen.

▶ Projektteams haben einen Leitfaden für die Abwicklung von Projekten und müssen nicht jedesmal „das Rad neu erfinden".

Obwohl der Wunsch nach Vereinheitlichung in jedem Unternehmen sehr groß ist, darf man nicht vergessen, daß jedes Projekt eine neuartige Aufgabe darstellt, die nicht völlig nach „Schema F" abgewickelt werden kann. Bei der Festlegung eines Standard-Phasenplans ist daher darauf zu achten, daß noch genügend Spielraum für projektindividuelle Phasen bleibt. Ein standardisierter Phasenplan ist somit eine Kombination aus Standardphasen und projektindividuellen Phasen.

Je nach Art des Projekts können die einzelnen Phasen unterschiedlich ausgeprägt sein.

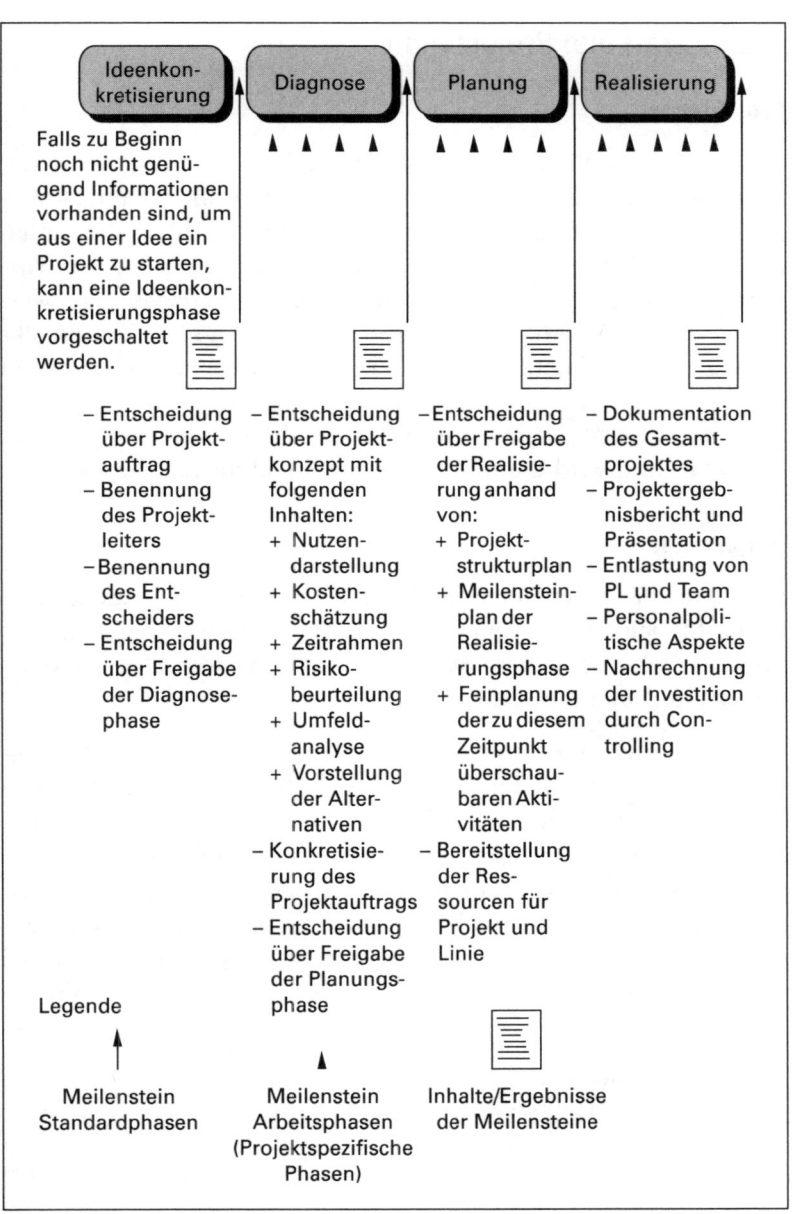

Ideenkon-kretisierung	Diagnose	Planung	Realisierung

Falls zu Beginn noch nicht genügend Informationen vorhanden sind, um aus einer Idee ein Projekt zu starten, kann eine Ideenkonkretisierungsphase vorgeschaltet werden.

Ideenkonkretisierung
- Entscheidung über Projektauftrag
- Benennung des Projektleiters
- Benennung des Entscheiders
- Entscheidung über Freigabe der Diagnosephase

Diagnose
- Entscheidung über Projektkonzept mit folgenden Inhalten:
  + Nutzendarstellung
  + Kostenschätzung
  + Zeitrahmen
  + Risikobeurteilung
  + Umfeldanalyse
  + Vorstellung der Alternativen
- Konkretisierung des Projektauftrags
- Entscheidung über Freigabe der Planungsphase

Planung
- Entscheidung über Freigabe der Realisierung anhand von:
  + Projektstrukturplan
  + Meilensteinplan der Realisierungsphase
  + Feinplanung der zu diesem Zeitpunkt überschaubaren Aktivitäten
- Bereitstellung der Ressourcen für Projekt und Linie

Realisierung
- Dokumentation des Gesamtprojektes
- Projektergebnisbericht und Präsentation
- Entlastung von PL und Team
- Personalpolitische Aspekte
- Nachrechnung der Investition durch Controlling

Legende

↑ Meilenstein Standardphasen

▲ Meilenstein Arbeitsphasen (Projektspezifische Phasen)

▤ Inhalte/Ergebnisse der Meilensteine

Beispiel für einen Standard-Projektablauf

Projektstart und Projektende

Projektstart

So wenig das Menschsein mit der Geburt anfängt, so wenig beginnen Projekte mit dem offiziellen Starttermin laut Projektauftrag. Jedes Projekt hat seine informelle Vorgeschichte. Oft werden im Vorfeld Anregungen von der Geschäftsleitung gegeben, Voruntersuchungen gemacht oder Ideen des Fachbereichs ausgewertet. In dieser „Vorphase" kristallisiert sich heraus, ob ein Projekt in Angriff genommen wird oder nicht, obwohl eigentlich ja schon an der Aufgabenstellung gearbeitet wird. Dieser Teil bis zum Projektauftrag ist der informelle Teil des Projektbeginns. Mit dem Projektauftrag wird dann der formelle Projektbeginn besiegelt.

Projektende

Nicht nur der Start, auch das Ende eines Projektes braucht seine Form. In vielen Unternehmen liegen sogenannte „Projektleichen" im Keller. „Projektleichen" sind Projekte, die nie formal abgeschlossen wurden. Ein typischer Ablauf:

Am Anfang des Projektes wird sehr viel Engagement an den Tag gelegt. Irgendwann bekommt die Tagesarbeit aus der Linie höhere Priorität. Niemand hat mehr Energie, an dem Projekt weiterzuarbeiten. Die Projektbeteiligten verfolgen dann oft die Taktik: „Je weniger wir über das Projekt reden, desto größer ist die Wahrscheinlichkeit, daß das Projekt unbemerkt dahinsiecht." Aus diesem Grund ist es von entscheidender Bedeutung, daß jedes Projekt formal abgeschlossen wird, wobei folgende Aspekte zu beachten sind:

– Abschlußpräsentation der Projektergebnisse,
– Übergabe der Ergebnisse an die Nutzer,
– Entlastung des Projektteams,
– Personalpolitische Aspekte,
– Nachrechnung der Projektkosten und des im Auftrag definierten Nutzens

3 Methoden des Projektmanagements

E s gibt fast so viele verschiedene Methoden, wie es Projekte gibt." Dieser Satz eines erfahrenen Projektleiters ist sicher nicht ganz falsch. Von „A" wie Aktionsplanung bis „Z" wie Ziele hat ein Projektleiter manchmal die Qual der Wahl. Wir wollen Ihnen Methoden vorstellen, die sich über Jahre hinweg in unzähligen Projekten bewährt haben und ein sinnvolles Rüstzeug für effektive Projektarbeit darstellen. Im wesentlichen sind das zwei „Methodenpakete":

▶ Die *„Systemische Projektplanung"*, die häufig am Anfang von Projekten Anwendung findet, wo die Analyse komplexer Tatbestände zur Hauptaufgabe eines Projektteams gehört.

▶ Die *„Realisierungsplanung"*, die bei der sinnvollen Planung und Durchführung komplexer Aufgaben hilft.

Bevor wir auf die Methoden näher eingehen, möchten wir noch auf einen sehr wichtigen Punkt hinweisen: Jede Methode ist nur so gut wie die Personen beziehungsweise der Inhalt, der dahintersteckt. Erwarten Sie von der Methode nicht, daß sie Ihnen die Arbeit abnimmt. Es geht vielmehr darum, mehr Stringenz und Transparenz in Ihre Planung und Abwicklung zu bringen.

Wie komme ich aus der Wolke?

Projekte sind neuartige und komplexe Aufgaben. Charakteristisch für Projektarbeit ist daher eine Vorgehensweise, die wie folgt bezeichnet werden kann:

„Von der Unbestimmtheit einer Idee zu konkreten Projektzielen und Projektlösungsansätzen."

Bevor begonnen werden kann ein Projekt abzuwickeln, ist nicht nur eine operative Planung notwendig. Zunächst gilt es, sich darüber im klaren zu sein, was eigentlich dabei rauskommen soll: Was sind unsere Ziele, und welche Lösungsidee haben wir? Häufig wird diese Projektarbeit auch die Phase der Projektdefinition oder Projektdiagnose genannt.

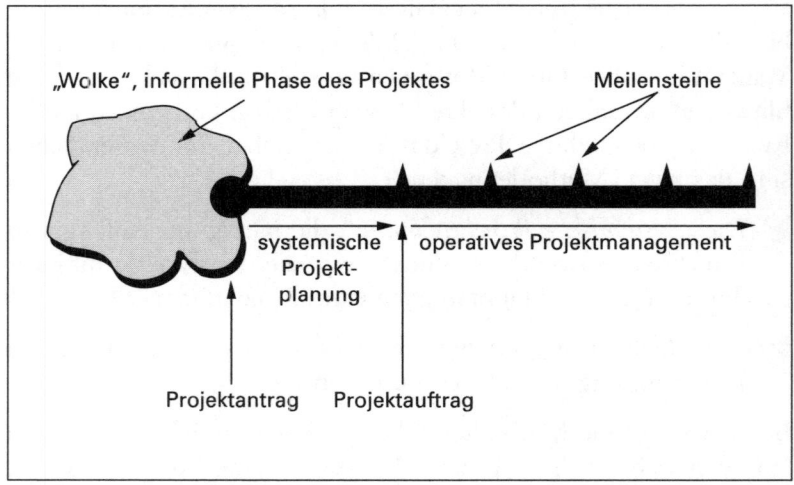

Von der Idee zur Umsetzung

Gerade am Anfang eines Projektes stehen Projektleiter und Team oft vor einem Chaos von Ideen und Lösungsansätzen. Entscheidend zu diesem Zeitpunkt ist, daß dem Projektleiter und dem Team Methoden an die Hand gegeben werden, mit deren Hilfe Sie Klarheit über die zu erledigende Aufgabe gewinnen können. Ein solcher methodischer Leitfaden macht die Projektarbeit kommunizierbar, nachvollziehbar, korrigierbar und dokumentierbar.

Kommunizierbarkeit und Dokumentierbarkeit verlangen sowohl eine strukturierte Planung als auch eine strukturierte Durchführung. Diese Strukturierung betrifft einerseits den organisatorischen Ablauf und andererseits die problemlösenden Denkprozesse, die für eine inhaltlich-innovative Projektplanung notwendig sind. Das Hilfsmittel zur Systematisierung dieser Denkprozesse ist die „Systemische Projektplanung".

Planungsmethode „Systemische Projektplanung"

Hintergrund der Systemischen Projektplanung ist, ein Projektkonzept zu erstellen, das eine Aussage erlaubt über die:

- Beurteilbarkeit des Projektes,
- Abwickelbarkeit des Projektes,
- Akzeptanz des Konzepts seitens aller Beteiligten.

Für die Suche beziehungsweise das Auffinden von neuartigen Lösungswegen, die nicht im Sinne von Standardlösungen schon bekannt sind, ist die detaillierte Kenntnis der Situation unabdingbare Voraussetzung.

Die Analyse der Informationen, anhand derer man sich ein „Bild" von der Situation – von dem Projektgegenstand – machen kann, ist daher von zentraler Bedeutung bei der Projektplanung, zumal Projekte durch Neuartigkeit und Komplexität gekennzeichnet sind.

Zur Informationsanalyse bedient sich die Methode „Systemische Projektplanung" folgendem systemtheoretischen Grundgedanken: Die Welt und jeder Bereich oder Ausschnitt der Welt, also auch jedes Projektfeld, besteht aus einer Anzahl von *Faktoren*, die in einer bestimmten *Wirkungsbeziehung* zueinander stehen. Diese Faktoren haben verschiedene Zustände. Sie können positiv, negativ oder neutral sein, also erwünscht oder unerwünscht sein. Die „Systemische Projektplanung" macht diese Komplexität beherrschbar. Unter verschiedenen Namen bieten einige Unternehmensberatungen Konzepte an, die eine ähnliche Vorgehensweise haben. Erwähnt seien hier die Firma Prolog mit der Methode „Logical Framework" und die Firma GTZ, Gesellschaft für technische Zusammenarbeit, mit der Methode „ZOPP", Zielorientierte Projektplanung. Über die Methodenschritte Situationserfassung, Problemanalyse und Projektauftragsmatrix gelangt man schließlich zum Projektauftrag (Abbildung Seite 67).

Allgemein erfolgt ein Problemlösungsprozeß in den Schritten:

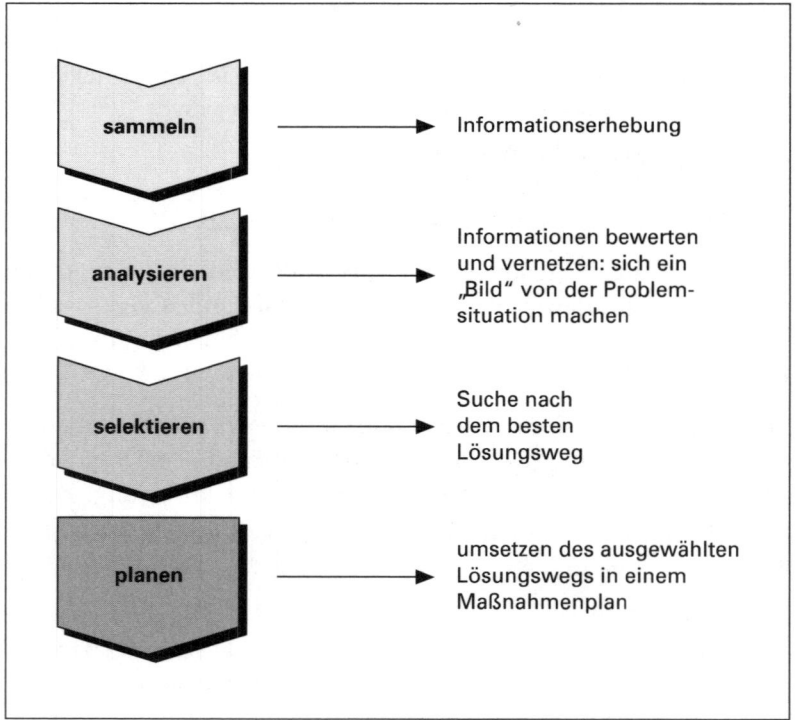

Allgemeiner Problemlösungsprozeß

Ähnlich ist auch die Vorgehensweise bei der „Systemischen Projektplanung":

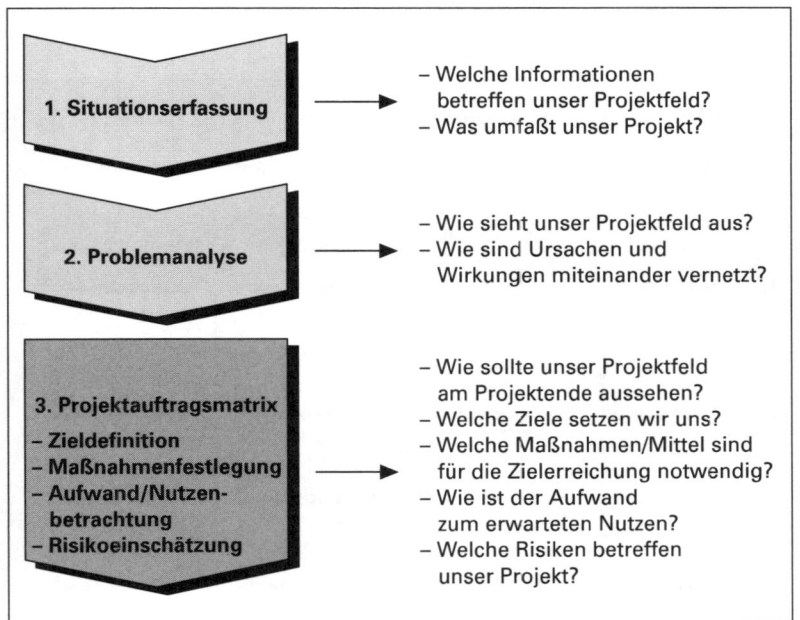

Systemische Projektplanung

Situationserfassung

Eine alltägliche Situation in einem Unternehmen: Es wird stundenlang über ein Thema diskutiert, und man kommt einfach zu keinem Konsens. Oft stellt man hinterher fest, daß man aneinander vorbeigeredet hat. Jeder Beteiligte hatte eine andere Sichtweise der Thematik, und der Kenntnisstand war verschieden.

Sich zu einem Zeitpunkt mit Lösungsansätzen zu beschäftigen, zu dem eigentlich die meisten Beteiligten noch unterschiedliche Vorstellungen vom Projektumfeld haben, erweist sich oft als gravierender Fehler. Erst wenn alle an der Planung beteiligten Mitarbeiter ein gemeinsames Bild von der Ausgangssituation haben, sollte mit inhaltlichen Diskussionen begonnen werden. Um einen einheitlichen Informationsstand zu erreichen, ist zunächst eine ausführliche Sammlung der vorhandenen Informationen notwendig.

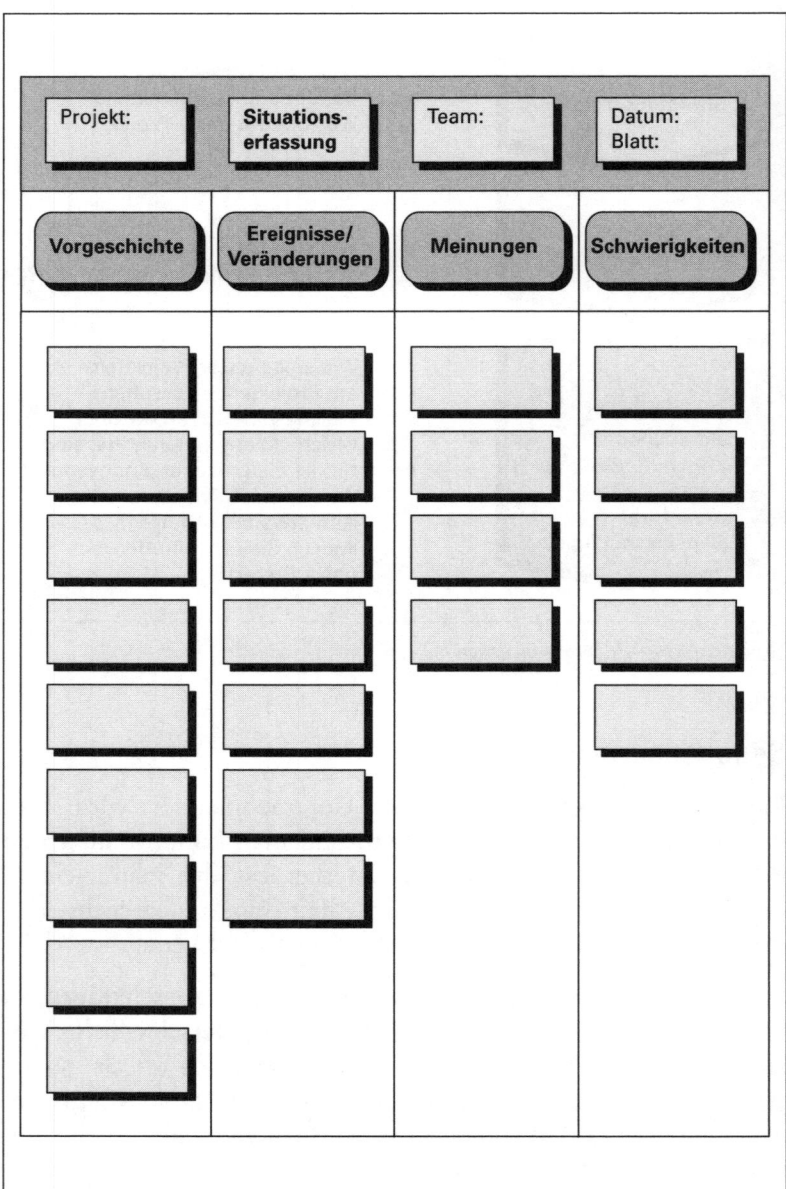

Beispielhafter Aufbau der Struktur einer „Situationserfassung"

Methoden des Projektmanagements

In der *Situationserfassung* werden alle Aspekte der Ausgangssituation, die das Projekt direkt oder indirekt betreffen, festgehalten. Um die Diskussionen nicht zu chaotisch ablaufen zu lassen, sollte der Projektleiter Themenschwerpunkte vorgeben. Diese Themenschwerpunkte sind nichts anderes als „Reizvokabeln", die das Team zu einer möglichst strukturierten Diskussion führen sollen.

Folgende Themenschwerpunkte haben sich für die ersten Diskussionen als Sinnvoll erwiesen:

Vorgeschichte/Ausgangssituation:

Beschreibung der Ausgangssituation. Hier geht es darum, die statischen Komponenten des Projektumfelds zu erfassen.

▶ Die zentrale Frage lautet:
Was ist bis zur heutigen Teamsitzung schon alles gelaufen?

Ereignisse/Veränderungen:

Einmalige Ereignisse und Neuerungen, die sich im Laufe der Zeit ergeben. Hier geht es darum, die dynamischen Komponenten zu erfassen. Welche Faktoren sind in der letzten Zeit eingetreten und haben höchstwahrscheinlich Einfluß auf die Entstehung des Projektes?

▶ Die zentrale Frage lautet:
Welche Ereignisse/Veränderungen haben sich in den letzten Wochen/Monaten ergeben?

Meinungen:

Subjektive Aussagen einzelner zum Projektthema oder zum Projektumfeld. Zu diesem Zeitpunkt ist es wichtig, daß subjektive Meinungen nicht unterschlagen werden. Nach dem Motto „In jedem Gerücht steckt ein Quentchen Wahrheit" geht es hier darum, auch die noch nicht verifizierten Aspekte zu sammeln.

▶ Die zentrale Frage lautet:
Welche Meinungen/Vermutungen bestehen zum Projektthema?

Schwierigkeiten:

Oft weisen die Teilnehmer während der ersten Gespräche auf bestehende Schwierigkeiten hin. Solche Aussagen sind ein Hinweis auf mögliche Problempunkte und sollten dokumentiert werden.

▶ Die zentrale Frage lautet:
Welche Schwierigkeiten sehen wir in der IST-Situation und für die Abwicklung des Projektes?
Welche Informationen sind für unser Projektfeld relevant?

Problemanalyse

Nach Abschluß der Situationserfassung verfügen zwar alle Beteiligten über dieselben Informationen, doch ist es ihnen noch nicht möglich, sich ein „Bild" vom gesamten Projekt zu machen. Die einzelnen Informationen müssen erst noch vernetzt werden. Bevor sich ein Team mit Lösungsansätzen beschäftigt, sollten alle Beteiligten die Wirkungszusammenhänge der verschiedenen Informationen beziehungsweise Projektfaktoren kennen. Die Problemanalyse ist ein Instrument, mit dem man die Vernetzungen/Wirkungszusammenhänge darstellen kann.

Jede Information spiegelt einen bestimmten Zustand wider. Dieser Zustand auch Faktor genannt, kann entweder positiv (zum Beispiel die Stückzahl an Maschine „x" ist 10 Prozent über Soll) oder negativ sein (zum Beispiel die Maschine „y" erreicht nicht die Soll-Stückzahl). Die Faktoren können untereinander Abhängigkeiten/Wirkungszusammenhänge haben (zum Beispiel Stückzahlsteigerung an Maschine „x" bewirkt Stückzahlminderung an Maschine „y").

Die Vorgehensweise bei der Problemanalyse ist ähnlich der eines Arztes bei der Vorbereitung seiner Diagnose. Bevor er nämlich sein „Urteil" fällt, versucht er zunächst, anhand der vorhandenen Informationen die Wirkungszusammenhänge zu analysieren.

1. Schritt: Definition des Kernproblems

Auslöser für ein Projekt sind meistens die sichtbaren Folgen eines Problems. Der Auftrag an das Projektteam lautet üblicherweise, diese Folgen zu beseitigen. Das gelingt in der Regel nur, wenn man gezielt die Ursachen bekämpft. Aufgabe des Projektteams ist es nun zu überprüfen, ob das Kernproblem, also die meistens verborgene Ursache, oder bereits die Folgen Auslöser für das Projekt sind.

Das Kernproblem ist die gemeinsame, meist nicht wahrgenommene Ursache der sichtbaren Folgen.

Die erste Frage, die sich das Projektteam nach der Situationserfassung stellen muß, lautet: Was war der Auslöser für dieses Projekt? Kann das Projektteam auf diese Frage keine eindeutige Antwort finden, ist es sinnvoll, den Entscheider um eine Stellungnahme zu bitten.

Bei der Beantwortung dieser Frage ist es wichtig, zunächst alle Meinungen gelten zu lassen. Erst sollten alle Meinungen aufgenommen werden (Brainstorming). Danach kann mit dem Selektieren und Konzentrieren begonnen werden. Das Projektteam muß sich nun für jede Aussage einigen, ob es sich um eine Folge oder eine Ursache handelt. Die gemeinsame Ursache aller Folgen ist das Kernproblem.

Das Kernproblem muß von allen Teammitgliedern akzeptiert sein. Falls mehrere Definitionen von Kernproblemen gleichberechtigt nebeneinander stehen, handelt es sich meistens um Hauptursachen. Das Projektteam muß dann einen Überbegriff finden, der die gemeinsame Folge der einzelnen Hauptursachen ist.

2. Schritt: Ursachenforschung

Ausgehend von dem definierten Kernproblem geht es nun darum, die Ursachen für dieses Kernproblem zu erforschen. Die Frage, die sich das Projektteam immer wieder stellen muß, lautet:

Was sind die Ursachen für unser Problem?

Vorgehensweise:

1. Zunächst müssen die Hauptursachen ermittelt werden. Es empfiehlt sich, maximal fünf bis sieben Hauptursachen zu definieren, sonst läßt sich die Komplexität nicht mehr beherrschen. Die Hauptursachen stehen im direkten Zusammenhang mit dem Kernproblem. Erst wenn alle Hauptursachen definiert sind, sollte mit dem zweiten Schritt begonnen werden.

2. Wenn alle Hauptursachen beschrieben sind, beginnt man, die Ursachennetze der einzelnen Hauptursachen transparent zu machen. Auch hier muß sich das Projektteam immer wieder die Frage stellen: „Was ist die Ursache für diese Ursache (für diesen Zustand)?" Diese Frage wird iterativ in jeder Ebene gestellt. Ursachen müssen immer als negativer Zustand beschrieben werden.

3. Zum Abschluß der Ursachenforschung werden die Hauptursachen in Prozent gewichtet.

Auch hier kann wieder der Vergleich zum Arzt herangezogen werden.

Nachdem er den Patienten nach dem Grund seines Besuchs gefragt hat (Kernproblem), versucht er nun, die Ursachen für dieses Problem ausfindig zu machen.

In folgendem Beispiel soll diese Vorgehensweise veranschaulicht werden.

1. Der Patient kommt zum Arzt und klagt über Knieschmerzen. (Allgemeine Problembeschreibung. Meistens ist diese bereits eine Folge des Kernproblems.)

2. Der Arzt forscht nach der Ursache für die Knieschmerzen.

3. Der Arzt kommt zum Schluß, daß die Knieschmerzen aus dem „zu hohen Gewicht" des Patienten resultieren (Kernproblem).

4. Der Arzt sucht die Ursache für das zu hohe Gewicht (Definition der Hauptursachen).

5. Der Arzt kommt zum Schluß, daß das zu hohe Gewicht einerseits aus „Bewegungsmangel" und andererseits aus „zuviel Nahrung" resultiert.

6. Der Arzt überlegt gemeinsam mit dem Patienten:
   - Warum zuviel Nahrung?
   - Warum Bewegungsmangel?

7. Der Arzt gewichtet die Hauptursachen. Er schätzt ab, mit wieviel Prozent „Bewegungsmangel" und mit wieviel Prozent „zuviel Nahrung" für „hohes Gewicht" verantwortlich ist.

Durch dieses iterative Vorgehen können Arzt und Patient die Punkte ausfindig machen, an denen der „Hebel" zur Lösung des Kernproblems und dessen Folgen angesetzt werden muß.

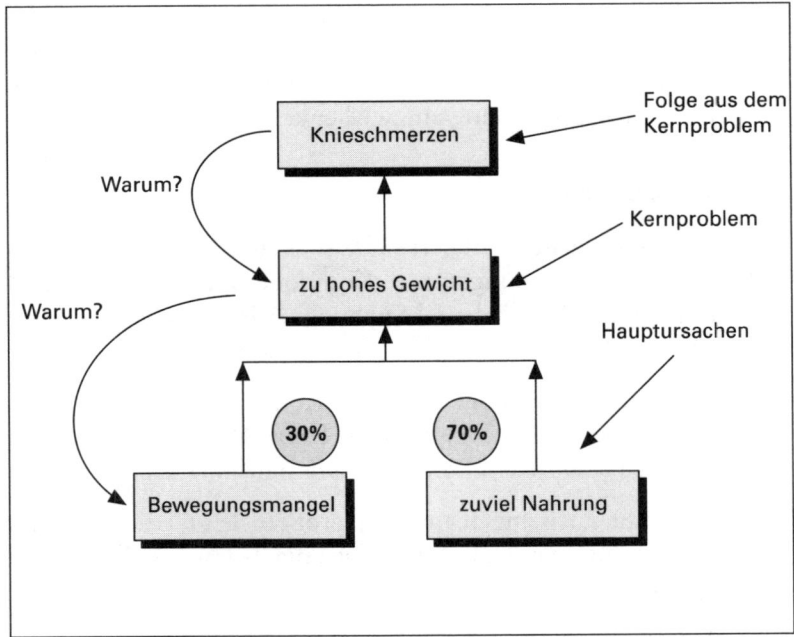

Definition des Kernproblems und Ursachenforschung

Die Gewichtung der Ursachen ist Voraussetzung für die daraus abzuleitende Therapie. Je nachdem wie gewichtet wird, können die Maßnahmen zur Lösung der Probleme anders aussehen. Wenn der Arzt zum Beispiel die Ursache „zuviel Nahrung" höher gewichtet als die Ursache „Bewegungsmangel", wird er dem Patienten eine Diät vorschlagen. Sollte er jedoch die Ursache „Bewegungsmangel" höher gewichten als die Ursache „zuviel Nahrung", wird er ihm ein Fitnessprogramm aufstellen, oder auch beides. Die Gewichtung der Ursachen ist somit Grundvoraussetzung für das daraus abzuleitende Konzept. Die Ursachenforschung muß so lange betrieben werden, bis das Projektteam ein „Gesamtbild" der vorhandenen Problemlandschaft hat beziehungsweise bis der Einflußbereich des Projektteams endet.

Die Aufgabenstellung bildet den Rahmen für die Problemanalyse. Diese sollte so vollständig wie möglich sein. Bezogen auf das Arztbeispiel wäre es denkbar, daß eine Ursache für das hohe Gewicht „Erbanlagen" sind. In diesem Fall hört der Arzt dort mit weiteren Ursachenforschung auf, weil er keinen Einfluß darauf hat.

3. Schritt: Folgen aufzeigen

Nachdem die Ursachen definiert sind, ist es sinnvoll zu analysieren, welche Folgen beziehungsweise Konsequenzen sich aus dem Kernproblem ergeben haben beziehungsweise ergeben können. Die Analyse der Folgen wirkt zweifach positiv:

1. Die Betroffenen erkennen, welche Konsequenzen der Ist-Zustand hat beziehungsweise haben kann. Dadurch wächst die Bereitschaft die neuen Soll-Konzeptionen mitzutragen.

2. Es entsteht auch im Team eine größere Motivation für das Projekt, wenn den Teammitgliedern die Tragweite des Projektes deutlich wird.

Auch hier kann wieder der Vergleich zum Arzt herangezogen werden. Fast immer sind die Lösungsvorschläge des Arztes mit Verhaltensänderungen des Betroffenen (Patient) verbunden. Der

Mensch ist jedoch zu bequem. Er ist nur ungern bereit einmal angeeignete Verhaltensweisen zu verändern, vor allem dann nicht, wenn dies mit Bemühungen (Energieaufwand) verbunden ist. Um ihn davon zu überzeugen die Therapie zu befolgen, muß ihm verdeutlicht werden, welche Konsequenzen aus dem Beibehalten des Ist-Zustands entstehen können. Folgende Abbildung zeigt, welche Konsequenzen aus den Knieschmerzen des Patienten resultieren könnten.

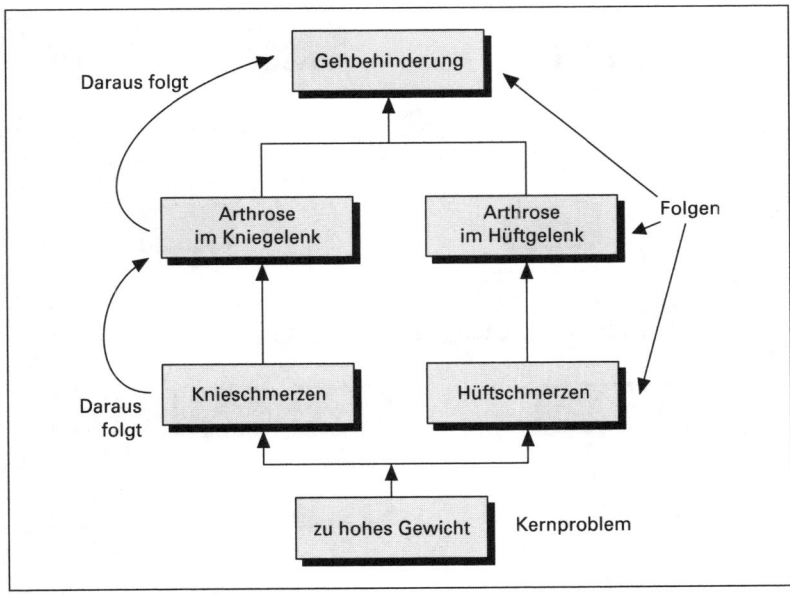

Konsequenzen des Kernproblems

Hinweise zur Vorgehensweise

Bei der Problemanalyse besteht die Gefahr, daß sich das Projektteam zu sehr im Detail verliert. Der erforderliche Detaillierungsgrad ist Ermessenssache und orientiert sich am Grundsatz:

„Übersichtlichkeit, Transparenz und Vermittelbarkeit sind wichtiger als Genauigkeit."

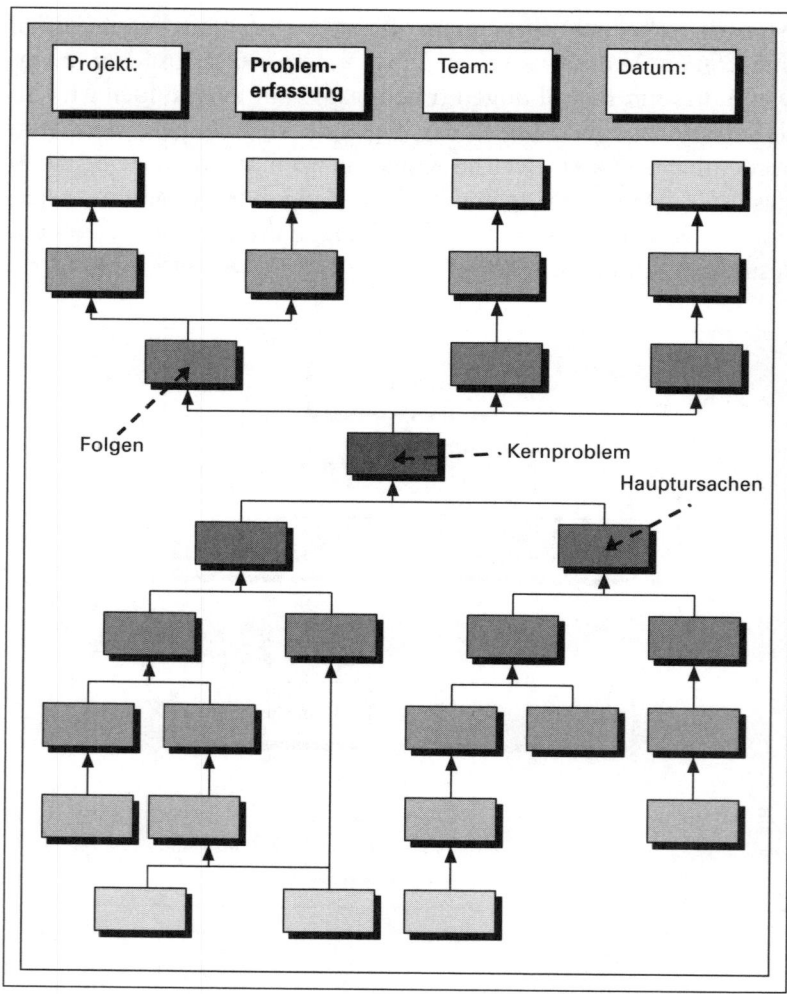

Möglicher Aufbau einer Problemanalyse

Sinn einer Problemanalyse ist es, eine Übersicht über die Vernetzung der vorhandenen Probleme zu bekommen. Diese Übersicht hilft zum einen dem Projektteam bei der weiteren Planung des Projektes, zum anderen schafft sie Akzeptanz bei Entscheidern und tangierenden Bereichen für die Planung. Nur wenn die Problemanalyse vermittelbar und leicht verständlich ist, hat sie ihr Ziel erreicht. Die genaue Übertragung der Realität mit all ihren Vernetzungen und Schleifen ist zwar wissenschaftlich lobenswert, jedoch in der systemischen Projektplanung nicht sinnvoll.

Projektauftragsmatrix

Die Projektauftragsmatrix ist das Herzstück des Methodenpakets „Systemische Projektplanung" und umfaßt mehrere Schritte, die in einer Matrix zusammengefaßt werden. Der erste Schritt ist die Definition des Soll-Zustandes, die sogenannte Zieldefinition. Der zweite Schritt besteht aus der Festlegung der Maßnahmen, die notwendig sind, um den Soll-Zustand zu erreichen. Im folgenden Schritt wägt man Aufwand und Nutzen ab. Beim vierten und letzten Schritt schließlich geht es um das Einschätzen der Risiken, die gegen ein Erreichen der Ziele sprechen könnten und vom Projektteam nicht beeinflußbar sind.

Zieldefinition

Die Zieldefinition ist der entscheidende Schritt der systemischen Projektplanung. Das Team muß sich überlegen, was überhaupt erreicht werden soll – es muß die Ziele des Projektes festlegen. Ausgangspunkt für die Zieldefinition ist die Problemanalyse. Dort hat das Team den negativen Ist-Zustand beschrieben. Darauf aufbauend muß sich das Team die Frage nach dem Idealzustand stellen. Ausgehend von diesem Idealzustand (der vielleicht gar nicht realisierbar ist), kommt es nun für das Team darauf an, erreichbare Ziele zu vereinbaren. Folgende Kriterien müssen bei der Zieldefinition beachtet werden:

Bei der Zieldefinition ist es wichtig, immer den Endzustand zu beschreiben und nicht den Weg dorthin. Wenn die Vorgabe lauten würde, am nächsten Tag in Hamburg zu sein, wäre das Ziel:

„Das Team ist am 15. Oktober in Hamburg"

und nicht:

„Das Team muß am 15. Oktober mit dem Zug nach Hamburg fahren."

Bei dem zweiten Beispiel handelt es sich um den Weg und nicht um das Ziel. Wenn anstelle von Zielen, also von zu erreichenden Endzuständen, Handlungsanweisungen definiert werden, schränkt dies die Handlungsfreiheit und somit die Kreativität des Projektteams stark ein.

Bei Zielen ist aber nicht nur die inhaltliche Beschreibung wichtig, sondern auch die Festlegung der *Meßgröße*. Bei der Meßgröße handelt es sich um die Quantifizierung der Ziele. Viele Projektteams sehen keinen Sinn darin, sich den Kopf über mögliche Meßgrößen zu zerbrechen, nach dem Motto: „Wir wissen ja alle, was erreicht werden soll." Oft wird dabei vergessen, daß manchmal ganz feine Nuancen bei der Zielbeschreibung am Ende eines Projektes zu Mißverständnissen zwischen Projektteam und Auftraggeber führen können.

Beispiel eines Projektes, bei dem es um die Montage einer Maschine geht:

Ist das Projekt zum Beispiel abgeschlossen, wenn:

- die Maschine montiert ist?
- die Maschine funktionsfähig ist?
- die Maschine vom TÜV abgenommen ist?
- die Maschine die erwarteten Stückzahlen bringt?

Nur wenn allen Beteiligten klar ist, welche Meßlatte angelegt wird, sollte man mit dem Projekt beginnen. Um Klarheit bei der Zielüberprüfung zu bekommen, ist es auch wichtig, die Quellen der Meßgrößen darzulegen. Durch das Benennen der Quellen kann das Projektteam vermeiden, daß beim Projektabschluß unterschiedliches Datenmaterial zum Bewerten der Ergebnisse verwendet wird.

Beispiel:

Ziel: Der Krankenstand ist um 1 Prozent gesenkt.
Meßgröße: 1 Prozent weniger als der Jahresdurchschnitt vom Vorjahr.
Quelle: Jahresbericht der Personalabteilung.

Projektziele können auf verschiedenen Ebenen festgelegt werden.

▶ 1. Ebene: Oberziel

Beim Oberziel handelt es sich um ein strategisches Unternehmensziel, zu dem das Projektziel einen Beitrag leisten soll. Das Festlegen eines Oberziels hat zwei Vorteile:

▶ Dem Projektteam wird bewußt, welchen Stellenwert das Projekt im Rahmen des Unternehmens hat. Dies wirkt sich meistens positiv auf die Motivation aus, da dem Projektteam der Zusammenhang zwischen dem Projekt und dem Unternehmen klar wird.

▶ Der Auftraggeber muß sich im Vorfeld des Projektes darüber Gedanken machen, zu welchem strategischem Unternehmensziel das Projekt einen Beitrag leistet. Falls er keinen Zusammenhang findet, stellt sich die Frage, ob das Projekt in die Unternehmensstrategie paßt.

▶ 2. Ebene: Projektziel

Projektziele müssen sowohl inhaltlich als auch quantitativ beschrieben werden. Damit werden die Soll-Werte für das Projekt festgelegt. Das Projektziel ist die Beschreibung des Ergebnisses der gesamten Projektarbeit und leistet einen Beitrag zum Oberziel. Zwischen Nutzen und Projektziel besteht ein kausaler Zusammenhang. Nur wenn der Ziel-Zustand erreicht ist, stellt sich der vereinbarte Nutzen ein.

▶ 3. Ebene: Teilziele

Teilziele machen das Projektziel „greifbarer". Die Summe aller Teilziele ergibt das Projektziel. Teilziele werden aus folgenden Gründen definiert:

▶ Durch die Beschreibung der Teilziele legt das Team die Strategie für die Erreichung des Projektziels fest.

▶ Teilziele zeigen dem Auftraggeber, wie das Projektteam das Projekt angehen möchte.

▶ Die Teilziele geben dem Team Orientierung bei der Maßnahmenplanung.

Maßnahmenfestlegung

Wenn die Ziele definiert sind, also der sogenannte „Output" des Projektes, gilt es im nächsten Schritt, den „Input" festzulegen. Dabei muß sich das Team fragen:

„Was muß getan werden, um das definierte Teilziel zu erreichen?"

„Was muß getan werden, um die Ursachen, die zum Kernproblem geführt haben, zu beseitigen?"

Ein „gesundes Gleichgewicht" sollte zwischen Input und Output vorhanden sein. Hat das Projektteam sehr anspruchsvolle Teilziele definiert und nur ein paar „mickrige" Maßnahmen erarbeitet, ist sehr schnell einzusehen, daß das Projekt höchstwahrscheinlich scheitern wird.

Eine wichtige Aufgabe für den Entscheider in der Meilensteinsitzung ist es, die geplanten Maßnahmen zum Erreichen der Teilziele auf Plausibilität zu überprüfen.

Es darf nicht vergessen werden, daß die Projektauftragsmatrix (PAM) nicht den Anspruch einer Realisierungsplanung hat, sondern nur eine Aussage über die Machbarkeit des Projektes ermöglicht. Die PAM ist das Ergebnis der Machbarkeitsstudie.

Die Maßnahmen sind als Blöcke definiert und haben weder eine zeitliche Vernetzung, noch sind sie so detailliert beschrieben, daß sie als Arbeitspakete delegiert werden können.

Aufwand/Nutzen-Betrachtung

Neben der Definition der Ziele und der Maßnahmen ist die Definition des zu erwartenden Aufwands Bestandteil von jedem Projektauftrag. Zum Ermitteln des Aufwands für die einzelnen Maßnahmen muß folgendes beachtet werden: Grundsätzlich kann der Aufwand in zwei Kategorien eingeteilt werden: zum einen in den Aufwand, der durch Ressourcenverbrauch der Mitarbeiter entsteht, zum anderen in alle Geldbeträge, die in Form von Ausgaben das Projektbudget belasten.

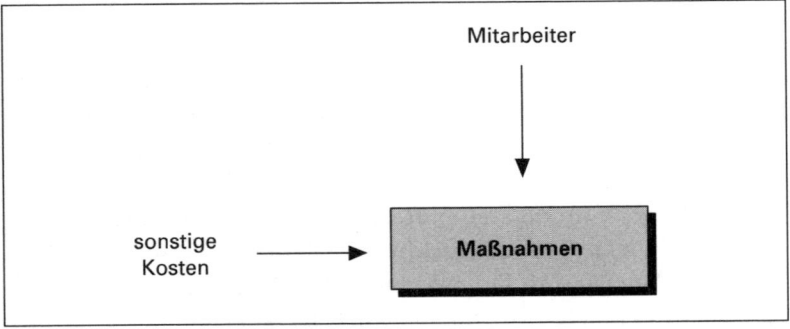

▶ 1. Mitarbeiter

Der Aufwand für (interne) Mitarbeiter kann entweder auf Vollkosten- oder Mehrkosten-Basis gerechnet werden.

Vollkosten bedeutet, daß auch die Lohnausfallkosten der am Projekt beteiligten Mitarbeiter als Projektkosten gerechnet werden.

Mehrkostenrechnung heißt dagegen, daß nur die Personalkosten gerechnet werden, die zusätzlich entstehen (zum Beispiel Überstunden oder Mitarbeiter auf Zeit für das Projekt).

▶ 2. Sonstige Kosten

Unter sonstige Kosten fallen alle direkten Kostenarten, die in einem Projekt entstehen können:

- Beratungskosten,
- Investitionskosten,
- Verwaltungskosten (projektbezogen),
- Hotelkosten usw.

Bei den sonstigen Kosten handelt es sich um Aufwendungen, die direkt durch das Projekt verursacht werden. Diese gehen sowohl in die Voll- als auch in die Mehrkostenrechnung ein. In der Praxis ist es jedoch oft sehr schwierig, die tatsächlich durch das Projekt verursachten Kosten zu ermitteln. Wenn etwa ein Projektteam einen Abteilungsfotokopierer nutzt, werden diese Kosten der Abteilung, also der Linie, zugeordnet, obwohl sie durch das Projekt verursacht worden sind.

Das Festlegen der Ziele und des Aufwands reicht noch nicht aus, um definitiv über die Freigabe eines Projektes zu entscheiden. Ein wesentliches Kriterium ist auch der Nutzen des Projektes. Die Frage, die jeder Auftraggeber bei der Vorstellung der Planung stellen wird, heißt: „Welchen monetären Nutzen hat das Projekt?" Das Projektteam muß versuchen, den geldwerten Nutzen festzulegen. Während der Nutzen für Bauprojekte oder Anlagenprojekte relativ einfach zu definieren ist, tut man sich bei sogenannten „Softprojekten" schon schwerer. Was ist zum Beispiel der Nutzen von einem Projekt mit dem Ziel „Erhöhung der Arbeitszufriedenheit"? Es gibt hierzu keine Patentrezepte. Das Projektteam muß in einem solchen Fall, ausgehend von den Projektzielen, den Nutzen schätzen.

Risikoeinschätzung

Eine Planung ist immer eine Hypothese über die Zukunft. Wann immer man solche Planungsvoraussagen aufstellt, muß man davon ausgehen, daß es einen gewissen Grad an Unsicherheit gibt. Diese Unsicherheit wird um so größer sein, je geringer die Erfahrungswerte sind, auf die das Projektteam zurückgreifen kann.

Diese sogenannten Risiken müssen zur Absicherung der Planung auf allen Matrixebenen (Maßnahmen, Teilziele, Projektziel, Oberziel) berücksichtigt werden. Durch sie werden die Unsicherheitsfaktoren in die Planung miteinbezogen.

Für die Risiken gilt ein altes Sprichwort: „Gefahr erkannt, Gefahr gebannt". Wenn man die Risiken identifiziert hat, kann man so planen, daß sich die Erfolgschancen erhöhen und damit die positiven Erwartungen hinsichtlich der Zielerreichung realistischer werden.

Es darf nicht vergessen werden, daß die Projektauftragsmatrix vor allem erstellt wird, um eine klare Aussage über das Projekt zu erhalten. Nur wenn auch ganz deutlich die Kriterien hervorgehoben werden, die gegen ein Erreichen der Projektziele sprechen, hat der Auftraggeber die Möglichkeit, mit seinem Projektteam die Erfolgswahrscheinlichkeit des Projektes abzuschätzen und den Auftrag zu erteilen. Die Bedeutung der Risiken wird vom Auftraggeber und vom Projektteam zu Beginn des Projektes meistens unterschätzt. Da Projekte in der Regel mit sehr viel Elan, fast schon euphorisch begonnen werden, fällt es den Projektbeteiligten meist sehr schwer, sich mit den „negativen Seiten" des Projekts auseinanderzusetzen. Dies geht dann manchmal soweit, daß kritische Stimmen zum Projekterfolg als „Nörgelei" oder „Pessimismus" verschrien sind. Wie geht zum Beispiel ein Auftraggeber damit um, wenn sein Projektleiter ihn in der Projektauftragsmatrix darauf hinweist, was alles passieren kann, daß der gewünschte Projekterfolg nicht eintritt? In der Regel wird er diesen Projektleiter als sehr negativ eingestellte Person empfinden. Oft genug fallen dann Sätze wie: „Wo ein Wille ist ist auch ein Weg!" oder „Sehen Sie doch alles nicht so Negativ, fangen Sie doch erst mal an!" oder „Wenn Sie das sich nicht zutrauen, dann muß ich wohl einen anderen Projektleiter benennen!". Vergessen wird dabei, daß gerade die erwähnten Risiken, dem Auftraggeber entscheidende Hinweise auf die Erfolgswahrscheinlichkeit des Projektes geben könnten. Auf der anderen Seite trauen sich Projektleiter und Team auch gar nicht die Risiken darzulegen, gerade aus der Furcht heraus, von dem Auftraggeber als „Nörgler" gesehen zu werden. Um die

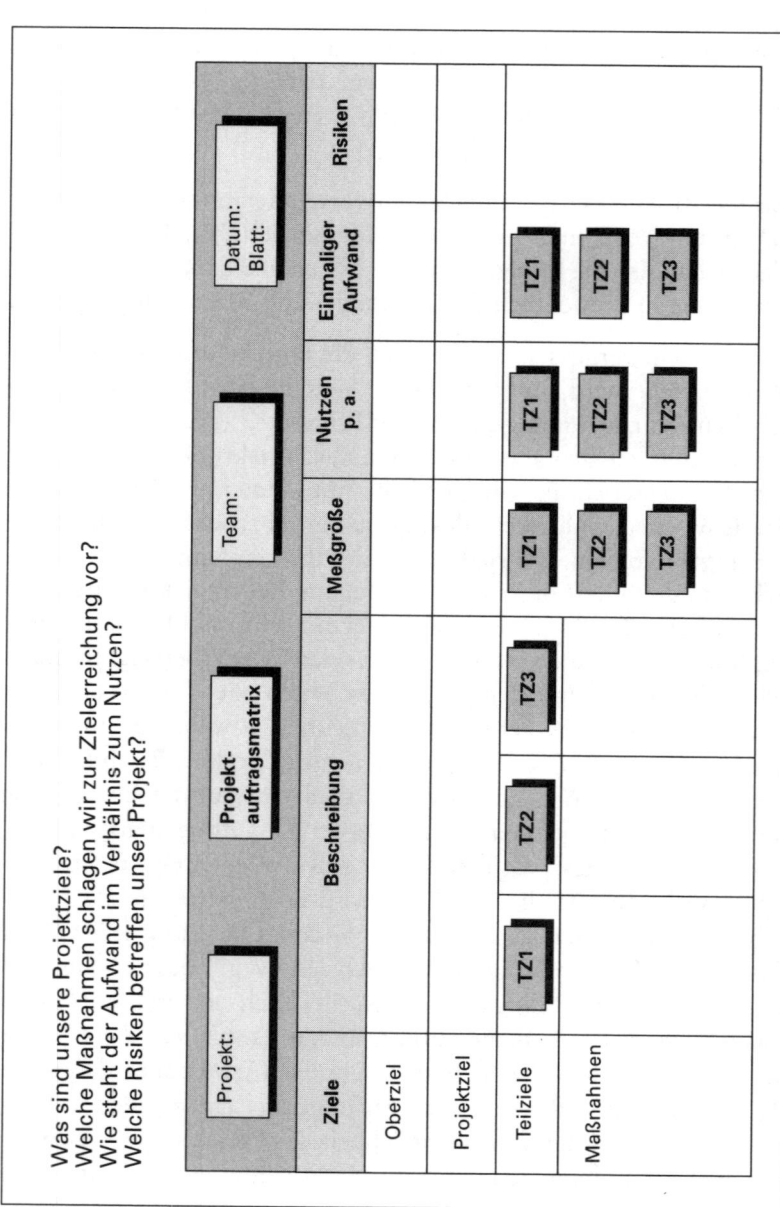

Was sind unsere Projektziele?
Welche Maßnahmen schlagen wir zur Zielerreichung vor?
Wie steht der Aufwand im Verhältnis zum Nutzen?
Welche Risiken betreffen unser Projekt?

Aufbau der Projektauftragsmatrix

euphorische Anfangsstimmung des Projektes nicht zu gefährden, vermeiden also Auftraggeber und Projektleiter in der Regel, sich konkret mit den Risiken auseinanderzusetzen.

Für das Projektteam und den Projektleiter hat die Definition der Risiken eine weitere Bedeutung. Risiken sind die Faktoren, die, wenn sie eintreten, als sogenannte „höhere Gewalt" bezeichnet werden können. Das Projektteam kann also bei Eintreten eines der Risikofaktoren nicht mehr für die Erreichung der Projektziele garantieren. Die Definition der Projektrisiken ist somit auch eine Absicherung des Projektteams. Diese „Ausschlußkriterien" gehören in jeden Projektauftrag. Ein typisches Beispiel für solche Ausschlußkriterien sind Bauprojekte. Der Unternehmer trägt keine Verantwortung für die termingerechte Fertigstellung des Gebäudes, wenn zum Beispiel die Außentemperatur geringer als minus 15° C ist.

Alle Faktoren die den Projekterfolg gefährden könnten und außerhalb des Einflußbereichs des Projektteams liegen, werden somit auch als Projektrisiken bezeichnet.

Realisierungsplanung

Ziel der Realisierungsplanung ist es, das Projekt so aufzubereiten, daß:

▶ die Projektziele erreicht werden,

▶ das Projekt in seinen Vernetzungen durchschaubar ist,

▶ sichere Informationen für die Projektabwicklung vorhanden sind und

das Projekt störungsfrei abgewickelt werden kann. Ziel der Realisierungsplanung ist es, nicht nur einen Überblick über die Art und Weise der Projektabwicklung zu bekommen, sondern auch ein Instrument zu haben, das dem Projektleiter mit seinem Team die Möglichkeit gibt, das Projekt zu steuern. Es sollte immer darauf geachtet werden, daß die eingesetzen Planungsinstrumente diese beiden Ziele erfüllen. Oft ist nämlich festzustellen, daß die Methoden einen guten Überblick über das Projekt verschaffen, jedoch als Steuerungsinstrument versagen. Hier haben sich zwei Methodenschritte als äußerst hilfreich erwiesen: der Projektstrukturplan und der Phasenplan. Beide Instrumente sind geeignet, einen Überblick über das Gesamtprojekt zu geben und auch als Steuerungsinstrumentarium in der Projektabwicklung eingesetzt zu werden.

Folgende sechs Fragen beginnend mit einem „W" muß sich der Projektleiter mit seinem Team zu Beginn des Projektes stellen:

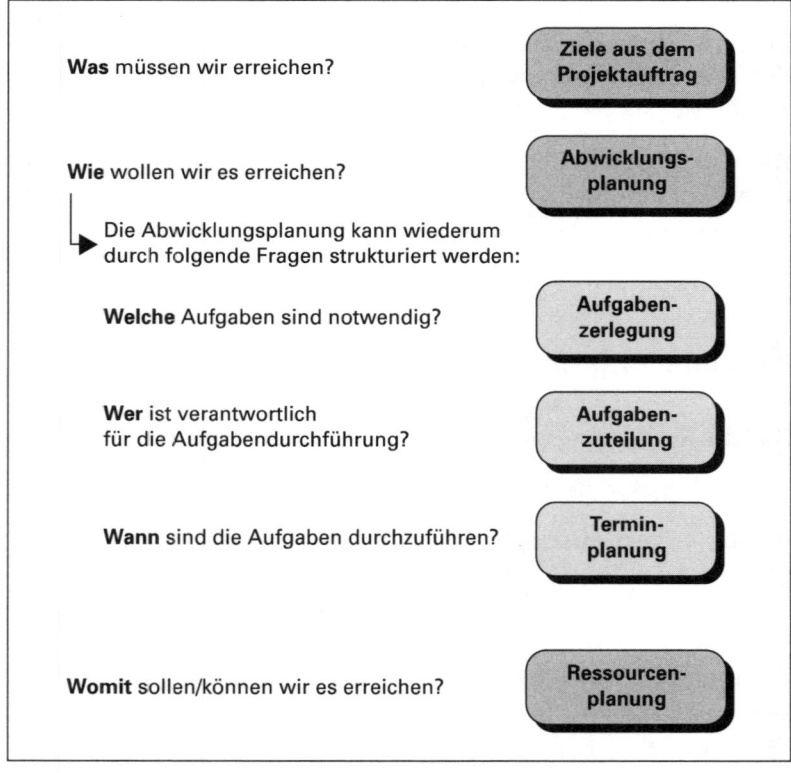

Die sechs „Ws" der Realisierungsplanung

Frage	Was muß getan werden?	Instrumente/Methoden
Was?	Berücksichtigung der Projektziele	– Projektauftrag – Lastenheft – Anforderungskatalog – Verträge
Welche?	Aufgabenzerlegung	– Projektstrukturplan – Netzplan
Wer?	Aufgabenzuteilung	– Projektstrukturplan – IMV-Matrix – Aktionsplan – Aktivitätenliste
Womit?	Ressourcenplanung	– Projektstrukturplan – IMV-Matrix – Investitionsplan – Budgetplan
Wann?	Terminplanung	– Phasenplan – Balkenplan – Netzplan – Aktionsplan

Mögliche Instrumente und Methoden zur Realisierungsplanung

Projektstrukturplan

Im Projektauftrag werden die Ziele definiert. Um diese Ziele zu erreichen, müssen viele Aufgaben angegangen werden. Projektteams haben nun oft Schwierigkeiten einen Überblick über die zu leistenden Aufgaben zu gewinnen. Womit sollen wir beginnen? Wer macht was? Was kosten die einzelnen Aufgaben? Wer übernimmt die Verantwortung für die Aufgaben? Und so weiter. Zu diesem Zeitpunkt ist es sinnvoll, das Projekt ganzheitlich zu betrachten, um Aufgabenstruktur und Zuständigkeiten transparenter zu machen. Ein effektives Instrument dafür ist der Projektstrukturplan.

Der Projektstrukturplan stellt ein unverzichtbares Orientierungs-raster und Ordnungssystem für die Projektabwicklung dar. Er schafft für die Projektbeteiligten einige Vorteile: Durch ihn erhält man eine vollständige und geordnete Übersicht über alle Aufgaben des Gesamtprojekts. Er ist somit Grundlage für alle weiteren Planungsschritte wie Aufgabenverteilung, Kapazitätsermittlung, Terminplanung und Dokumentation.

Vorteile des Projektstrukturplans

▶ besserer Überblick über die zu erledigenden Aufgaben,

▶ mehr Systematik in der Projektplanung,

▶ Hilfe bei der Projektabwicklung und Steuerung,

▶ Transparenz bezüglich Kapazitäten und Kosten,

▶ einfachere Projektdokumentation,

▶ Zuordnung der Kosten zu den einzelnen Verantwortlichen,

▶ Entscheidungsgrundlage für Projektentscheider,

▶ gleicher Informationsstand aller Beteiligten über die Projekt-aufgaben,

▶ mehr Transparenz/Klarheit für alle Projektbeteiligten bezüglich Leistung und Verantwortung.

Projekte sind immer sehr komplexe Aufgaben, die nur durch interdisziplinäre Zusammenarbeit bewältigt werden können. Im Extremfall kann dies bedeuteten, daß alle Aufgaben von allen Beteiligten zusammen gelöst werden müssen. In der Regel ist es jedoch sinnvoll, das Projekt so zu zerlegen, daß delegierbare Aufgaben definiert werden. Aus dieser Zerlegung des gesamten Aufgabenvolumens in einzelne Teilaufgaben ergibt sich die Projektstruktur. Bei der Zerlegung des Projektes müssen drei Dinge unbedingt berücksichtigt werden:

1. Wie können die Schnittstellen minimiert werden?

2. Was muß in einer Hand bleiben?

3. Soll nach Funktionen oder nach Objekten zerlegt werden?

Die gesamten Projektaufgaben werden zuerst in x Teilprojekte zerlegt. Die definierten Teilprojekte werden wiederum zerlegt. Durch dieses iterative Vorgehen entsteht eine hierarchische Struktur von Aufgaben. Die verschiedenen Gliederungsebenen heißen Projekt/Teilprojekt/Hauptarbeitspaket/Arbeitspaket. Die Anzahl der Gliederungsebenen ist abhängig von der Größe des Projektes. In der Praxis haben sich Projektstrukturpläne mit drei bis vier Gliederungsebenen bewährt. Nachdem die Struktur erstellt ist, besteht die Möglichkeit, ein hierarchisches Nummernsystem auf die einzelnen Gliederungsebenen zu übertragen. Dieses Nummernsystem ermöglicht die Zuordnung der Teile zum Ganzen.

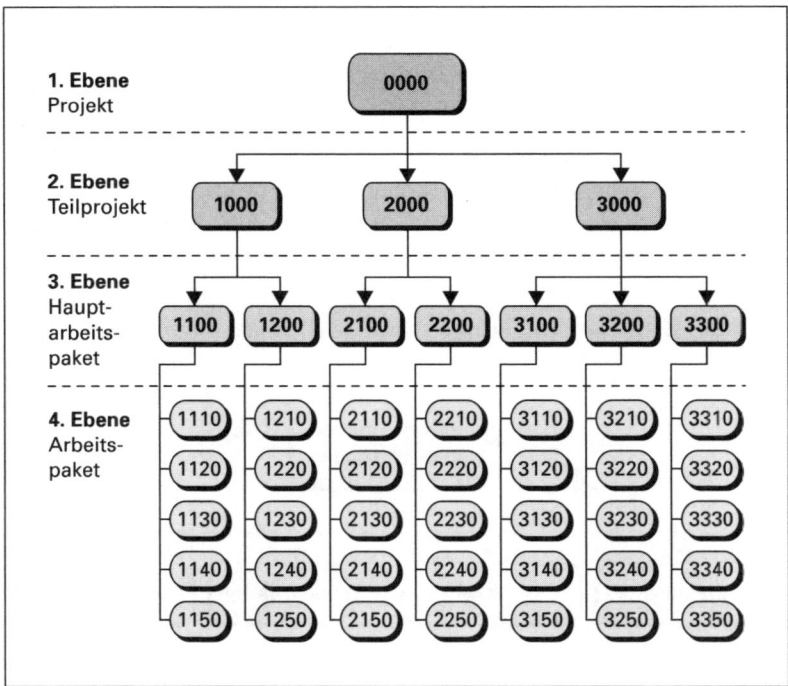

Projektstrukturplan

Bei der Erstellung des Projektstrukturplans, können die Aufgaben unterschiedlich zerlegt werden. Auf der einen Seite kann das Projekt nach Objekten zerlegt werden. Bei einem objektorientierten Strukturplan ist das Projekt in seine einzelnen technischen Bestandteile zerlegt. Im extremsten Fall entsteht eine komplette Stückliste sämtlicher Teile des Projekts.

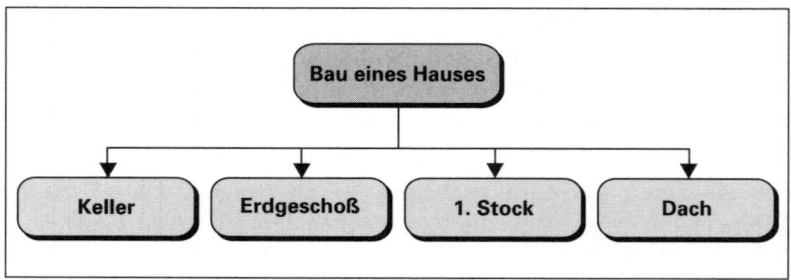

Beispiel eines nach Objekten zerlegten Strukturplans

Bei einer konsequenten Gliederung nach Objekten ist das Ergebnis am Ende der Detaillierung eine Stückliste. Auf der anderen Seite besteht die Möglichkeit, das Projekt nach Funktionen aufzuteilen. Eine Zerlegung nach Funktionen bedeutet, daß die verschiedenen Ebenen des Projektstrukturplans die Bereiche abbilden, die an dem Projekt beteiligt sind. Die Frage in diesem Fall lautet immer: „Welche Bereiche/Abteilungen sind am Projekt beteiligt?"

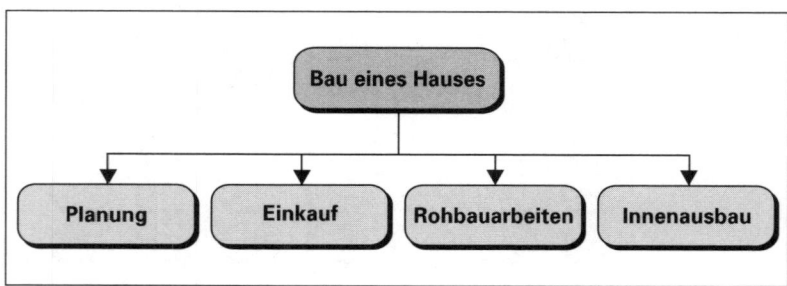

Beispiel eines nach Funktionen zerlegten Strukturplans

Bei einer konsequenten Gliederung nach Funktionen ist das Ergebnis am Ende der Detaillierung ein Organigramm des Unternehmens.

In der Praxis ist die gemischte Zerlegung (das heißt sowohl nach Funktionen als auch nach Objekten) am häufigsten. Der Vorteil der gemischten Zerlegung ist, daß sie die Wahlmöglichkeit bietet, das Projekt entweder hierarchisch an den Funktionsträgern aufzubauen und ihnen dann die einzelnen Objekte zuzuordnen oder das Projekt nach Objekten zu strukturieren und die Funktionsträger diesen unterzuordnen. Entscheidend ist in diesem Zusammenhang, wie Sie die Kosten kumulieren wollen. Ist es für Sie zum Beispiel am wichtigsten, nach Abschluß des Projektes zu wissen, wieviel die einzelnen Objekte gekostet haben, werden Sie in der zweiten Gliederungsebene auf jeden Fall Objekte benennen. Ist für Sie eine Kostentransparenz der Funktionseinheiten wichtiger, dann empfiehlt es sich, in der zweiten Gliederungsebene Funktionen zu benutzen.

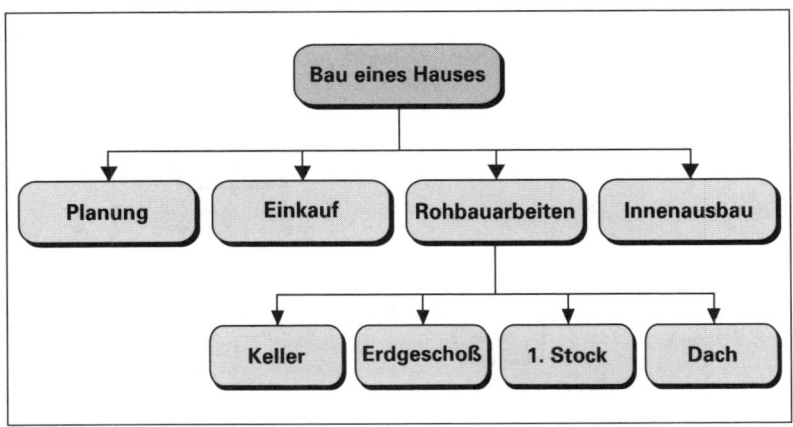

Beispiel einer Zerlegung nach Funktionen und nach Objekten

In jedem Fall müssen Sie bei der Erstellung eines Projektstrukturplans in jeder Ebene zuerst die gesamte Breite bearbeiten, bevor

Sie in die Tiefe gehen. Daraus läßt sich folgender Grundsatz ableiten:

„Immer erst in die Breite."

Sollten Sie dies nicht tun, besteht die Gefahr, daß Sie Aufgaben des Projektes vergessen oder sich im Detail verlieren. Mit diesem Vorgehen beachten Sie einen wichtigen Grundsatz beim Bewältigen von komplexen Aufgaben, der lautet:

„Vom Groben zum Detail."

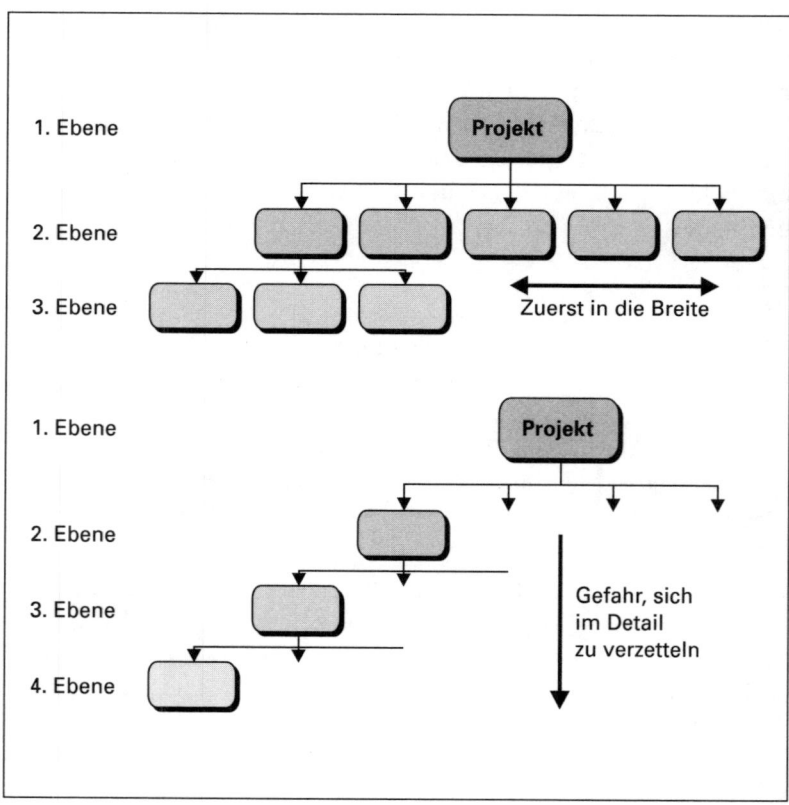

Beispiel, wie bei der Erstellung eines Projektstrukturplans vorzugehen ist

Arbeitspakete

Ein Arbeitspaket ist eine Aufgabe, die so klar abgrenzbar ist, daß sie in einer organisatorischen Einheit (Mitarbeiter, Abteilung, Bereich oder externe Stelle) erledigt werden kann. Jedem Arbeitspaket werden folgende Größen zugeordnet:

1. Benennung eines Arbeitspaketverantwortlichen (in der Regel ein Teammitglied),

2. genaue inhaltliche Beschreibung des Arbeitspakets,

3. Zeitaufwand der Projektbeteiligten (in Personentagen oder Stunden),

4. Kosten für die Umsetzung des Arbeitspakets (auf Vollkosten- oder Mehrkosten-Basis),

5. Projekt-Kostenstellenzuordnung.

Bei allen Vorzügen des Projektstrukturplans darf nicht vergessen werden, daß es sich dabei nur um eine eindimensionale Darstellung der zu erledigenden Arbeitspakete handelt. Der Projektstrukturplan erlaubt keine Aussage über die Komplexität und die Dynamik von Projekten. Die Abhängigkeiten zwischen den verschiedenen Arbeitspaketen können im Projektstrukturplan genauso wenig dargestellt werden wie die zeitliche Abhängigkeiten.

Terminplanung

Die zeitliche Planung von Projekten stellt Projektteams vor eine schier unlösbare Aufgabe. Es gilt, zu einem frühen Zeitpunkt Annahmen über zukünftige Zustände und deren zeitliche Abhängigkeiten zu treffen.

Der Fertigungssteuerer eines Produktionsbetriebes ist in der Lage anzugeben, bis wann er eine bestimmte Stückzahl produziert hat. Er verfügt über Vergleichswerte aus den letzten Monaten. Anhand dieser Daten kann er eine relativ sichere Prognose über seine Planung erstellen. Ein Projektleiter dagegen kann, wenn er ehrlich ist, kaum sagen, wann das Projektziel erreicht sein wird – ihm fehlen die Vergleichsmöglichkeiten. Seine Aussage ist nichts anderes als eine Hypothese über die Zukunft die vielleicht zutreffen wird, vielleicht aber auch nicht.

Das grundsätzliche Problem bei Projekt-Terminplanungen liegt in der Einmaligkeit und Neuartigkeit der Projektaufgaben. Es kann nur begrenzt auf Erfahrungswerte zurückgegriffen werden.

Das bedeutet natürlich nicht, daß in Projekten auf eine Terminplanung verzichtet werden kann, sondern vielmehr, daß das Projektteam sich dieser Schwierigkeit bewußt sein muß und sie bei allen Planungsschritten berücksichtigt.

Oft werden von Auftraggebern Projekt-Terminplanungen mit einer Genauigkeit und Stringenz erwartet, die unter Berücksichtigung der beschriebenen Schwierigkeiten einfach nicht zu leisten sind. Auftraggeber müssen wissen unter welchen Prämissen Projekt-Terminplanungen zustande kommen.

Einen Terminplan zu erstellen, der bis ins letzte Detail fein geplant ist, beruhigt das Gewissen, weil er die Illusion erzeugt, daß das Projekt dann auch so ablaufen wird. Projektleiter und ihre Auftraggeber sollten jedoch nicht dieser Illusion verfallen, sondern auch die Unwägbarkeiten einer Projektabwicklung berücksichtigen und dafür Platz in der Terminplanung lassen.

Projekt-Terminplanungen sind wichtige Eckpfeiler für den Projekterfolg. Entscheidend ist nur die Einstellung beziehungsweise die Erwartungshaltung der Beteiligten im Sinne von Transparenz und gegenseitiger Akzeptanz. Sowohl der Auftraggeber wie auch der Projektleiter müssen sich dessen bewußt sein.

Eine Terminplanung, die nicht in der Lage ist, Veränderungen des Umfeldes aufzunehmen, hat ihre Berechtigung verloren. Jede Terminplanung lebt von ihrer Aktualität und muß für Optimierungen aus Erkenntnissen im Projektfortschritt offen sein. Entscheidend dabei ist, daß die Veränderungen zwischen allen Projektbeteiligten kommuniziert werden.

Grundsätzlich kann ein Projekt mit folgenden methodischen Hilfsmitteln terminlich aufbereitet werden:

- Phasenplan (auch Meilensteinplan genannt),
- Meilenstein-Eckterminplan,
- Aktionsplan,
- Aktivitätenliste,
- Netzplan,
- Balkenplan.

Grob-Terminplanung

▶ Phasenplan

Hat das Projektteam die anstehenden Aufgaben in Form von Arbeitspaketen im Projektstrukturplan schon definiert, geht es im nächsten Schritt darum, diesen Arbeitspaketen eine zeitliche Dimension zu geben.

Jede erfolgreiche Terminplanung erfüllt folgende Ziele:

▶ Sie ermöglicht eine Aussage über den zeitlichen Verlauf des Projektes

▶ und bietet die Möglichkeit, während des Projektverlaufs Soll/ Ist-Vergleiche durchzuführen, um bei Abweichungen Steuerungsmaßnahmen einzuleiten.

Die Grundidee des Phasenplans liegt darin, das Gesamtprojekt in einzelne Phasen zu zerlegen und diesen Phasen die entsprechenden Arbeitspakete zuzuordnen. Jede Phase endet mit einem Meilenstein.

Die definierten Meilensteine ermöglichen eine genauere Aussage über den zeitlichen Verlauf des Projektes. Sie fungieren außerdem als Kontrollinstrument. Abweichungen eines Meilensteins ermöglichen immer eine konkrete Aussage über den Status und den weiteren Verlauf des Projektes.

Um ein Projekt steuern zu können, ist es für den Projektleiter von entscheidender Bedeutung zu erkennen, ob die zu erledigenden

Aufgaben im Zeitrahmen liegen oder ob schon Verzögerungen eingetreten sind. Aber:

▶ Wie erkennt der Projektleiter eine Abweichung?

▶ Und wenn er sie erkennt, wie kann er feststellen, was für eine Auswirkung die Abweichung auf den Gesamtterminplan hat?

Dazu ein paar Beispiele:

Projektleiter A kontrolliert nach der Hälfte der vereinbarten Zeit den Stand eines Arbeitspaketes. Der Arbeitspaketverantwortliche teilt ihm mit, daß noch nichts Konkretes vorliege. In diesem Fall würde der Projektleiter vermutlich drastische Steuerungsmaßnahmen einleiten, um den Endtermin nicht zu gefährden. Doch wer sagt, daß dieser gefährdet ist? Es könnte ja sehr gut sein, daß der Mitarbeiter eben noch ein wenig Zeit braucht, bis er in die Thematik eingearbeitet ist. Danach ist es vielleicht nur noch ein Kinderspiel, bis die vereinbarte Leistung erbracht wird (siehe Anlernkurve).

Projektleiter B kontrolliert ebenfalls nach der Hälfte der vereinbarten Zeit den Stand eines Arbeitspaketes. Der Arbeitspaketverantwortliche teilt ihm mit, daß er schon zu 90 Prozent mit seiner Aufgabe fertig sei. Der Projektleiter freut sich und kümmert sich nicht mehr um dieses Arbeitspaket, da er sicher ist, daß das Arbeitspaket auf jeden Fall termingerecht enden wird. Doch auch hier kann genau das Gegenteil eintreten. Vielleicht waren die ersten Schritte sehr einfach zu erreichen, bei der Fertigstellung treten jedoch extreme Verzögerungen auf. Typisches Beispiel hierfür sind Software-Entwicklungen. Das Programm zu schreiben geht relativ schnell; die dann noch bestehenden Fehler ausfindig zu machen dauert oft genau so lang wie die eigentliche Entwicklung (95-Prozent-Syndrom).

Die folgende Abbildung zeigt die Abhängigkeiten zwischen Ergebnisfortschritt und Zeit:

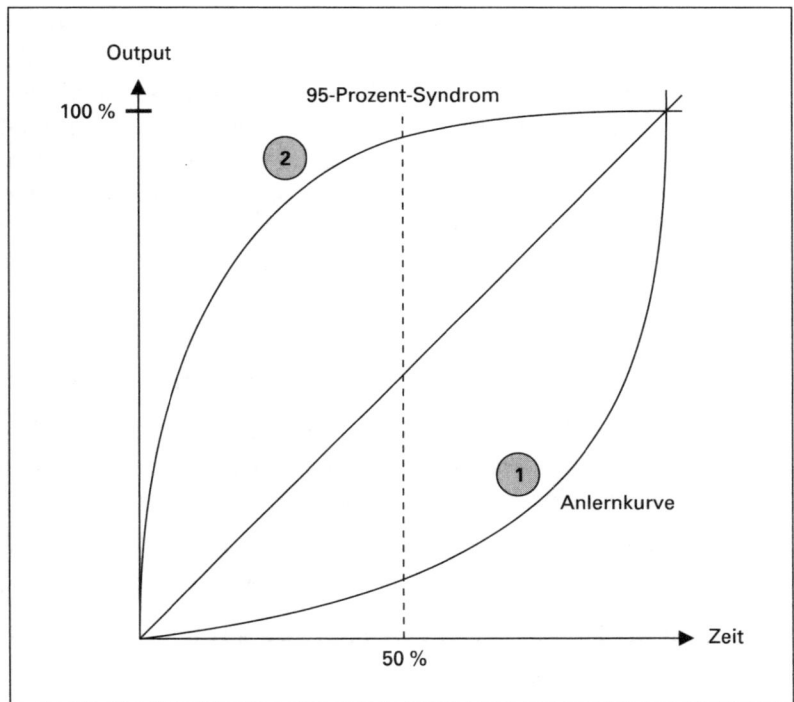

Abhängigkeiten von Output und Zeit

An diesen Beispielen kann man erkennen, daß zwischen Output/ Ergebnis und Zeit keine lineare Abhängigkeit bestehen muß.

Die Schwierigkeit besteht nun darin, festzustellen, wie der Zusammenhang Output-Zeit bei den einzelnen Arbeitspaketen aussieht. Sie werden sehr schnell erkennen, daß dies bei der Fülle von Aufgaben in einem Projekt schier unmöglich ist. Es müssen andere Wege gefunden werden, aussagefähige Soll/Ist-Vergleiche durchführen zu können.

Im Phasenplan ist der Meilenstein das Instrument zur späteren Projektkontrolle. Der Meilenstein ist ein Termin, zu dem *nachprüfbare Zwischenergebnisse* aus verschiedenen Arbeitspaketen vorgelegt werden. Er ist somit nicht aufgaben-, sondern ergebnisorientiert. Diese Zwischenergebnisse müssen eine konkrete Aussage über den Stand des Projektes ermöglichen. Liegen nicht alle geplanten Ergebnisse an einem Meilenstein vor, so wird der Meilenstein verschoben und nicht mit halben Resultaten durchgeführt. Verschiebt sich der Meilenstein, so hat der Projektleiter einen konkreten Hinweis über Abweichungen von den Soll-Werten. Der Meilenstein ist eben nicht zeit-, sondern ergebnisabhängig.

Folgende Daten sollte jeder Phasenplan enthalten:

▶ Definition der Phasen;

▶ Ergebnisse, die zu den Meilensteinen vorzuliegen haben;

▶ den einzelnen Phasen zugeordnete Arbeitspakete des Projektstrukturplans (es kann durchaus sein, daß einzelne Arbeitspakete über mehrere Phasen verlaufen);

▶ Arbeitsaufwand der einzelnen Phasen (ergibt sich aus dem Aufwand der Arbeitspakete in den einzelnen Phasen);

▶ Kosten der einzelnen Phasen (ergibt sich aus dem Arbeitsaufwand plus sonstige Kosten);

▶ Darlegung des Entscheidungsbedarfs;

▶ Meilensteintermine;

▶ Meilensteinbeteiligte.

Der Phasenplan ist neben dem Projektstrukturplan das wichtigste Instrument der Grobplanung. Wichtig dabei ist, daß er mit allen Projektteammitgliedern gemeinsam entwickelt wird. Dann ist die Akzeptanz und somit auch die Wahrscheinlichkeit, daß die Beteiligten sich an die Planung halten, am größten.

Bei der Erstellung eines Phasenplans sollte folgendes beachtet werden:

Grundsätzlich gibt es zwei Möglichkeiten bei der Terminplanung. Entweder die Termine stehen fest (Engpaß), und es geht eigentlich nur darum, die Aufgaben und Ressourcen so zu planen, daß die

Methoden des Projektmanagements

Termine eingehalten werden können, oder die Ressourcen stehen fest (Engpaß), und es geht darum, die Termine so zu legen, wie es anhand der zur Verfügung stehenden Ressourcen möglich ist. Im ersten Fall haben wir eine sogenannte Rückwärtsterminierung, indem von dem Endtermin aus die Meilensteine nach vorne festgelegt werden. Im zweiten Fall haben wir eine Vorwärtsterminierung, indem die Meilensteintermine sich aus den zu Verfügung stehenden Ressourcen ergeben.

Phasen	1.	2.	3.	4.
Meilensteinergebnisse				
Arbeitspakete je Phase				
Arbeitsaufwand je Phase				
Kosten je Phase				
Meilensteintermine				
Entscheidungsbedarf				
Meilensteinbeteiligte				

Beispiel eines Phasenplans

Es ist prinzipiell denkbar, einen Phasenplan ohne einen Projektstrukturplan zu erstellen. Dann hat der Projektleiter jedoch keine Möglichkeit:

▶ Kosten und Aufwand der einzelnen Arbeitspakete nach Objekten oder Funktionen zusammenzufassen, es können dann nur die Kosten für die einzelnen Phasen definiert und ermittelt werden;

▶ die Projektdokumentation nach Teilprojekten oder Arbeitspaketen zu strukturieren;

► Teilaufgaben zu delegieren und zu kontrollieren;

► die Komplexität zu beherrschen.

Zusätzlich zu der numerischen Zuordnung der Arbeitspakete zu den einzelnen Phasen ist eine graphische Darstellung der Arbeitspakete sinnvoll. Ein Plan wie in der folgenden Abbildung vermittelt dem Auftraggeber einen Überblick über die terminliche Abfolge der Arbeitspakete. Wie daraus zu ersehen ist, muß nicht jedes Arbeitspaket mit oder an einem Meilenstein enden. Wichtig dabei ist jedoch, daß jeder Arbeitspaketverantwortliche sich bewußt ist, zu welchem Meilenstein sein Arbeitspaket einen Beitrag leisten muß.

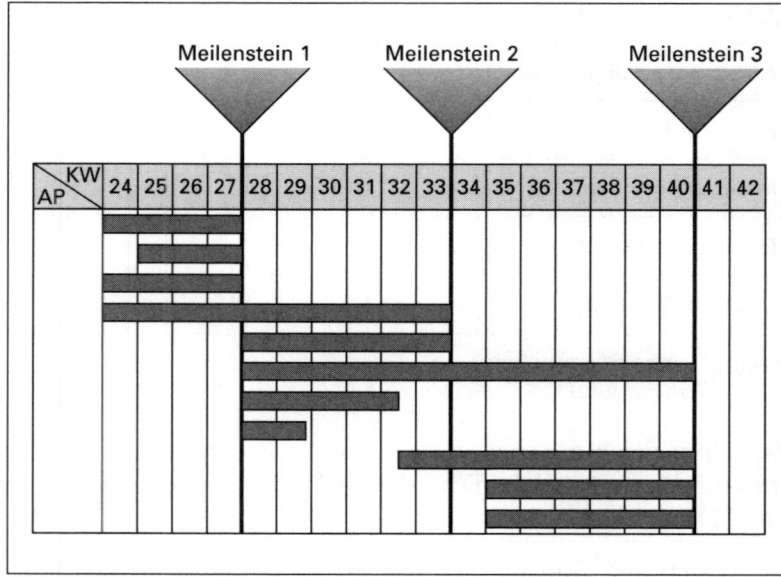

Beispiel eines Meilensteinplans

▶ Meilenstein-Eckterminplan

Neben den nachprüfbaren Zwischenergebnissen, die in Form von Meilensteinen eine Aussage über den Stand des Projektes ermöglichen, gibt es in Projekten oft noch Termine, zu denen keine Ergebnisse abgefragt, sondern vielmehr Entscheidungen getroffen werden müssen. Hierbei handelt es sich um sogenannte Ecktermine. Ein Meilenstein-Eckterminplan ist somit ein Phasenplan, der um die Termine ergänzt wird, zu denen wichtige Entscheidungen über den weiteren Verlauf des Projektes getroffen werden. Mögliche Ecktermine sind zum Beispiel Freigaben durch externe Kunden, Entscheidungen über grundsätzliche Alternativen, Festlegung, daß keine weiteren Veränderungen des Pflichtenhefts möglich sind (point of no return/Änderungsstops) usw. Ecktermine können sowohl vom Auftraggeber als auch vom Projektteam vorgeschlagen werden.Viele Projekte verzögern sich nur deshalb, weil bestimmte Entscheidungen endlos hinausgezögert werden. Es fällt Entscheidern oft schwer, sich zu einer Entscheidung durchzuringen. Dies liegt an einer prinzipiellen Schwäche des Systems. Trifft ein Entscheider eine Entscheidung, legt er sich fest. Der Begriff „Entscheidung" hat auch viel gemeinsam mit „Scheiden". Sich auf eine Position festzulegen hat für ihn in der Regel jedoch nur Nachteile:

▶ Die Gegner dieser Entscheidung werden versuchen zu beweisen, daß die Entscheidung falsch war (manchmal sogar durch negative Beeinflussung des Projekts).

▶ War die Entscheidung richtig, gibt es selten Anerkennung dafür; war die Entscheidung jedoch falsch, hat das oft negative Auswirkungen auf die weitere Karriere des Entscheiders.

Um diesen Konsequenzen aus dem Weg zu gehen, treffen Entscheider oft keine Entscheidungen oder solche, die allen Parteien genehm sind. Im ersten Fall wird die Verantwortung an das Projektteam delegiert, das irgendwann einfach selbst entscheidet, um das Projekt nicht ins Stocken zu bringen. Im zweiten Fall wird die Verantwortung wieder auf die gesamte Linienhierarchie übertragen. Die Entscheidungsprozeduren sind dadurch wieder sehr langwierig und verzögern in den meisten Fällen das Gesamtprojekt. Ein Ecktermin erlaubt dem Projektteam, klare Entscheidungen zu fordern. Sollte zu diesem Ecktermin keine Entscheidung getroffen werden, ruht das Projekt, bis Klarheit über die weitere Vorgehensweise besteht. Ecktermine sind somit auch Druckmittel, um Entscheider zu Entscheidungen zu zwingen.

Fein-Terminplanung

Die Grob-Terminplanung gibt einen Überblick über das Gesamtprojekt. Die Feinplanung soll dem Projektleiter helfen, die Aufgaben eines überschaubaren Bereichs zu ermitteln und zu definieren. Die Ziele der Feinplanung sind:

▶ festzustellen, wie lange das Projekt (oder ein Abschnitt davon) dauert;

▶ festzustellen, welche Termine besonders beachtet werden müssen;

▶ festzustellen, wie sicher die Termine sind, die in der Grob-Terminplanung ermittelt wurden;

▶ Aufgaben zu definieren, um diese genau verteilen zu können;

▶ die Abhängigkeiten der Aufgaben untereinander zu ermitteln, um mögliche Engpässe frühzeitig zu erkennen;

▶ Termine für die einzelnen Aufgaben zu definieren, um die benötigten Kapazitäten planen zu können.

Die Erstellung und Pflege einer Fein-Terminplanung ist mit sehr viel Aufwand verbunden. Der Projektleiter muß sich deshalb genau überlegen, wann er diese Instrumente anwendet. Er muß sich immer die Frage des Nutzens im Vergleich zum Aufwand stellen. Auch der Zeitpunkt spielt eine Rolle. Viele Projektleiter unterliegen der Faszination, ein Projekt bis ins kleinste Detail durchzuplanen, und vergessen dabei, daß ein Projekt eine Aufgabe ist, die durch ihren neuartigen Charakter mit sehr viel Dynamik und Änderungen verbunden ist. Alles zu Beginn eines Projektes fein-

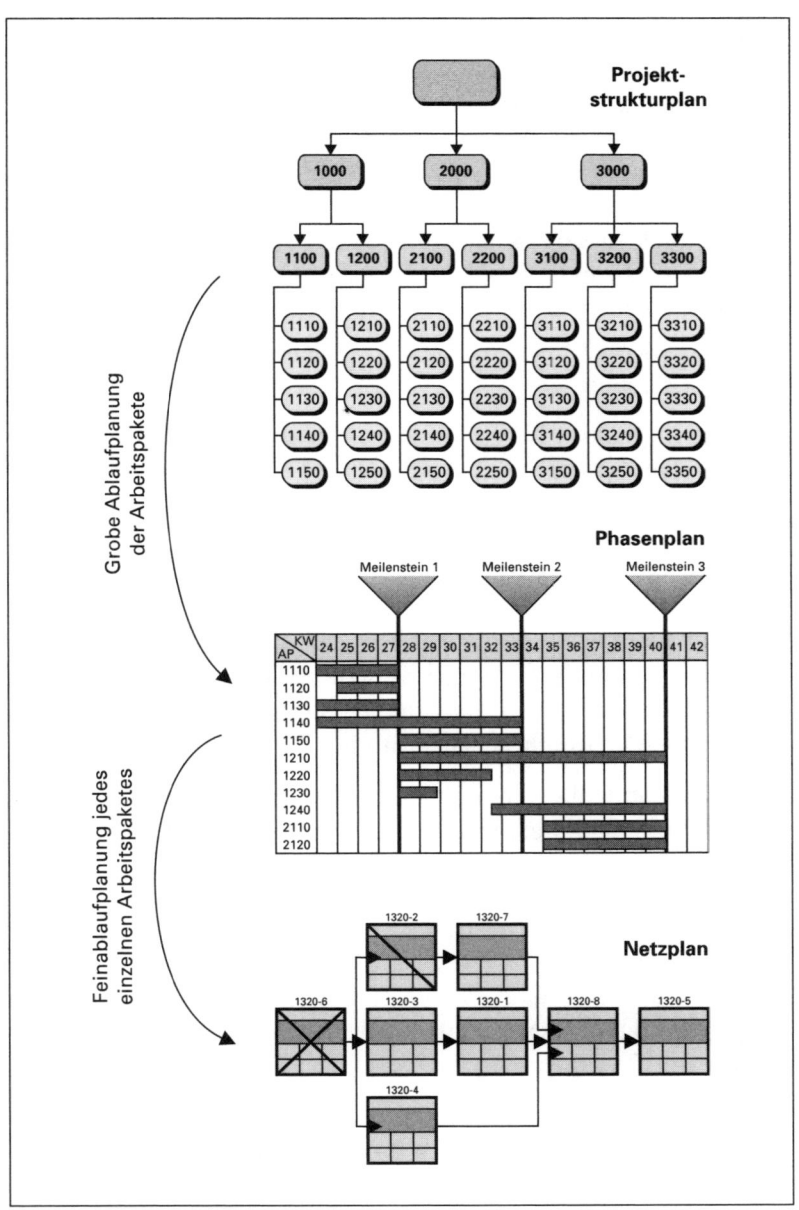

Weg zur Feinplanung

zuplanen erweist sich in den meisten Fällen als Zeitverschwendung, da sich die Rahmenbedingungen oft ändern. Hier gilt der Planungsgrundsatz: „Planen, was planbar ist." Der Aufwand für die ständige Anpassung der Planung an die sich verändernde Realität steht in keinem Verhältnis zu dem Nutzen, der sich aus dieser Feinplanung ergibt. Die Fein-Terminplanung erfüllt nur ihren Zweck für überschaubare Planungshorizonte. In der Praxis hat sich die Fein-Terminplanung als sinnvolles Instrumentarium zwischen zwei Meilensteinen bewährt.

▶ Aktivitätenliste

Die Aktivitätenliste ist Grundvoraussetzung für alle Instrumente der Feinplanung (Netzplan, Balkenplan). Die Aktivitätenliste ergibt sich aus der Zerlegung der im *Projektstrukturplan* definierten Arbeitspakete. Jedes Arbeitspaket wird in Einzelaktivitäten zerlegt. Die Aktivitätenliste wird in der Regel von dem jeweiligen Arbeitspaketverantwortlichen erarbeitet. Er hat den besten Überblick über die Aktivitäten seines Arbeitspakets. Die Erstellung der Aktivitätenliste ist zudem in der Regel kein zusätzlicher Aufwand für den Arbeitspaketverantwortlichen, da er sowieso sein Arbeitspaket inhaltlich und terminlich planen muß.

In der Aktivitätenliste (manchmal auch Arbeitspaketbeschreibung oder Vorgangssammelliste genannt) werden folgende Informationen definiert:

Aktivitätennummer

Die Aktivitätennummer entspricht der Arbeitspaketnummer erweitert um die jeweilige fortlaufende Positionsnummer der Aktivitätenliste.

Inhaltliche Beschreibung der Aktivität

Der Begriff Aktivität wird in der Praxis auch als „Tätigkeit", „Job", „Vorgang" oder „Arbeitsgang" bezeichnet. DIN 69900 Teil 1 versteht einen „Vorgang" als „Ablaufelement, das ein bestimmtes Geschehen beschreibt. Hierzu gehört auch, daß Anfang und Ende definiert sind". In der Praxis hat sich jedoch folgende Definition als griffiger erwiesen:

Eine Aktivität ist ein Vorgang, der an menschliches Handeln gebunden ist, einen genau definierten Anfang und ein genau definiertes Ende hat und ohne Unterbrechung durchzuführen ist.

Definition des Aufwands

Für jede Aktivität muß definiert werden, welcher Aufwand dafür notwendig ist. Dieser Aufwand kann in Personentagen (PT) oder in Mannstunden festgelegt werden. Es geht nicht um die Definition der Dauer, sondern um den reinen Aufwand, der bei der Realisierung der Aktivität entsteht.

Festlegung der Personen

Es müssen alle Personen benannt werden, die mit der Realisierung der Aktivität beauftragt sind.

Ermittlung der zur Verfügung stehenden Ressourcen und Kapazitäten

Ressourcen können sowohl Mitarbeiter als auch Maschinen, Anlagen oder technische Einrichtungen sein.

Bei der Ermittlung der Ressourcen und Kapazitäten muß man immer die Verfügbarkeit berücksichtigen. Wenn ein Mitarbeiter nur mit 50 Prozent seiner Zeit an dieser Aufgabe arbeiten kann, dafür aber eine Maschine benötigt, die schon zu 90 Prozent ausgelastet ist, wird die Maschine zum Engpaß, und der Mitarbeiter kann nur 10 Prozent seiner Zeit für die Aufgabe einsetzen. Bei Mitarbeitern ist die Urlaubsplanung oft ein stark einschränkender Faktor, der auf jeden Fall hier mit zu berücksichtigen ist. Was nützt nämlich die beste Planung, wenn der eingeplante Mitarbeiter genau dann Urlaub nimmt, wenn er im Projekt benötigt wird?

Dauer der Aktivität

Die Dauer der Aktivität ergibt sich aus dem Aufwand und den zur Verfügung stehenden Ressourcen. Ist der Aufwand für eine Aktivität mit 5 Personentagen definiert und kann der Mitarbeiter nur mit 10 Prozent seiner Arbeitszeit an der Aufgabe arbeiten, so ergibt sich eine Dauer von 50 Tagen.

Wartezeit

Es gibt auch eine Reihe von Aktivitäten, bei denen die Dauer nicht von den Ressourcen abhängig ist, sondern von Wartezeiten (zum Beispiel der Zeitraum zwischen Anfrage bei einem Lieferant und Angebotseingang). In diesem Fall ist eine entsprechende Wartezeit zu definieren.

Definition der Abhängigkeiten zwischen den einzelnen Aktivitäten durch das Festlegen des direkten Vorgängers

Die Definition der Abhängigkeiten ist Voraussetzung für den Netzplan. Erst durch die Definition der Abhängigkeiten, entsteht eine Vernetzung der Aktivitäten. Ziel bei der Vernetzung der Aktivitäten ist es, immer so viele Vorgänge wie möglich parallel festzulegen, um die Gesamtdauer des Projektes zu verkürzen. Je mehr Aktivitäten nebeneinander laufen, desto kürzer ist das Projekt.

Die Abhängigkeiten zwischen den Aktivitäten können definiert sein durch:

▶ *Vorwärtsplanung*, das heißt, ausgehend von der ersten Aktivität gilt es zu untersuchen, welche die Folgeaktivitäten sind,

▶ oder durch *Rückwärtsplanung*, das heißt, ausgehend vom Projektende gilt es zu definieren, welche die Vorgängeraktivitäten sind.

Der Vorgänger oder Nachfolger kann entweder eine Aktivität aus dem gleichen Arbeitspaket sein oder aus einem anderen Arbeitspaket stammen. Die Vorgängeraktivität wird mit der entsprechenden Arbeitspaketnummer – erweitert um die Positionsnummer – gekennzeichnet.

Beispiel:

Arbeitspaket Nr. 3420
Aktivität: Pos. Nr. 5
Direkter Vorgänger: 3420-3

Definition der Abhängigkeitsart zwischen der Aktivität und ihrem Vorgänger

Durch die Definition der Abhängigkeit wird die Beziehung zur Vorgängeraktivität gekennzeichnet. Es existieren vier Arten von Abhängigkeiten:

Normalfolge (NF): Eine Aktivität beginnt nach Ende der Vorgängeraktivität.

Anfangsfolge (AF): Eine Aktivität kann erst beginnen, wenn die Vorgängeraktivität begonnen hat.

Endfolge (EF): Eine Aktivität kann erst beendet werden, wenn die Vorgängeraktivität abgeschlossen wurde.

Sprungfolge (SF): Eine Aktivität kann erst beendet werden, wenn die Vorgängeraktivität gestartet wurde (manchmal auch Start-Ende-Abhängigkeit genannt).

Festlegung der Kosten für die einzelne Aktivität

Die Kosten für die einzelne Aktivität ergeben sich aus dem Aufwand der Mitarbeiter und zusätzlichen Kosten wie Beschaffung von Teilen, EDV-Stunden usw.

Anfangs- und Endtermine

Aus Aufwand, Ressourcen und Abhängigkeiten ergibt sich der Anfangs- und der Endtermin für die jeweilige Aktivität. Grundsätzlich gibt es zwei Möglichkeiten, die Termine zu ermitteln:

Vorwärtsrechnung

Die Summe der Laufzeiten der einzelnen Nachfolgeaktivitäten ergibt den frühesten Anfangs- und Endtermin der einzelnen Aktivitäten und die kürzeste Gesamtprojektdauer.

Rückwärtsrechnung

Geht man vom Endtermin aus und zieht jeweils die Laufzeiten der davor liegenden Aktivitäten ab, ergibt sich der späteste Anfangs- und Endtermin im Hinblick auf die kürzeste Gesamtprojektdauer.

Die daraus resultierenden Termine müssen dann noch kalendriert, also mit den Kalendertagen abgeglichen werden, an denen die notwendigen Ressourcen zur Verfügung stehen.

Auf der folgenden Seite sehen Sie ein Beispiel einer Aktivitätenliste.

Arbeitspaket:

AP-Verantwortlicher:

Pos.	Aktivität	Arbeits-aufwand	Mitarbeiter	Kapazität	Dauer	Wartezeit	Direkter Vorgänger	Abhängig-keitsart	Kosten	Anfang/Ende

Beispiel einer Aktivitätenliste

Realisierungsplan 109

▶ Ereignisliste

Neben der Aktivitätenliste besteht auch die Möglichkeit, eine Liste der eintretenden Ereignissen zu erstellen. Diese sogenannte Ereignisliste ist ähnlich aufgebaut wie die Aktivitätenliste, anstelle von Aktivitäten werden jedoch Ereignisse beschrieben. Der Phasenplan/Meilensteinplan ist eine Kombination aus Ereignisplan (Meilensteine) und Aktivitätenplan (den Phasen zugeordnete Arbeitspakete).

Ereignisse können sowohl Startzustände beschreiben wie auch Endzustände.

Beispiele:

Beginn Softwareprogrammierung → Startereignis
Abschuß der Planung → Zielereignis

Pos.	Ereignis	Direkter Vorgänger	Zeitabstand

Ereignisliste

► Netzplan

Eine immer noch sehr verbreitete Darstellung von Projektabläufen ist der Netzplan. Die Netzplantechnik hat ihren Ursprung in der Graphentheorie. Bei einem Netzplan geht man von dem Grundsatz aus, daß gewisse Aktivitäten vorhanden sind und ihre Abhängigkeiten graphisch und rechnerisch dargestellt werden können. Ziel der Netzplantechnik ist es, folgende Fragen zu beantworten:

► Wann kann ich frühestens mit einer Aufgabe beginnen?

► Wann muß ich spätestens beginnen?

► Wann kann ich frühestens mit einer Aufgabe fertig sein?

► Wann muß ich spätestens fertig sein?

► Welche Aktivitäten müssen besonders beachtet werden, weil sich ihre Verzögerung automatisch auf den Endtermin auswirkt?

► Wie groß ist der zeitliche Spielraum (Puffer) in dem Projekt?

Da aufwendige Rechenvorgänge notwendig sind, um die Daten für einen Netzplan zu ermitteln, braucht man eine entsprechende Netzplantechnik-Software. Die klassische Darstellung von Netzplänen basiert auf einer Methode, die von der NASA sehr stark mitentwickelt wurde. Diese Methode wurde mit „Program Evaluation and Review Technique", abgekürzt PERT, bezeichnet und zum erstenmal im Zusammenhang mit der Entwicklung von Raketen angewendet.

Prinzipiell gibt es zwei Darstellungsmöglichkeiten eines Netzplans:

– nach Ereignissen oder
– nach Aktivitäten/Vorgängen.

Die Vorgehensweise ist grundsätzlich die gleiche. In beiden Fällen müssen erst die Daten erfaßt werden, entweder in Form einer Aktivitätenliste für den Vorgangsnetzplan (genaue Bezeichnung: Vorgangs-Knoten-Netzplan VKN) oder in Form einer Ereignisliste für den Ereignisnetzplan (genaue Bezeichnung: Ereignis-Knoten-

Netzplan EKN). Ein Knoten ist in der Graphentheorie ein Element. Ein Element kann sowohl ein Ereignis als auch ein Vorgang sein.

In der Praxis hat sich der Ereignisnetzplan nicht durchgesetzt, da mit ihm keine detaillierten Ablaufpläne möglich sind. Es fehlt die genaue Beschreibung der anfallenden Tätigkeit. Im folgenden Abschnitt werden wir uns deshalb auf den Vorgangsnetzplan beschränken.

Im Netzplan werden alle Vorgänge/Aktivitäten als Rechtecke dargestellt. Diese Rechtecke enthalten:

- Daten aus der Aktivitätenliste und
- Rechnerische Auswertungen aus den Daten der Aktivitätenliste.

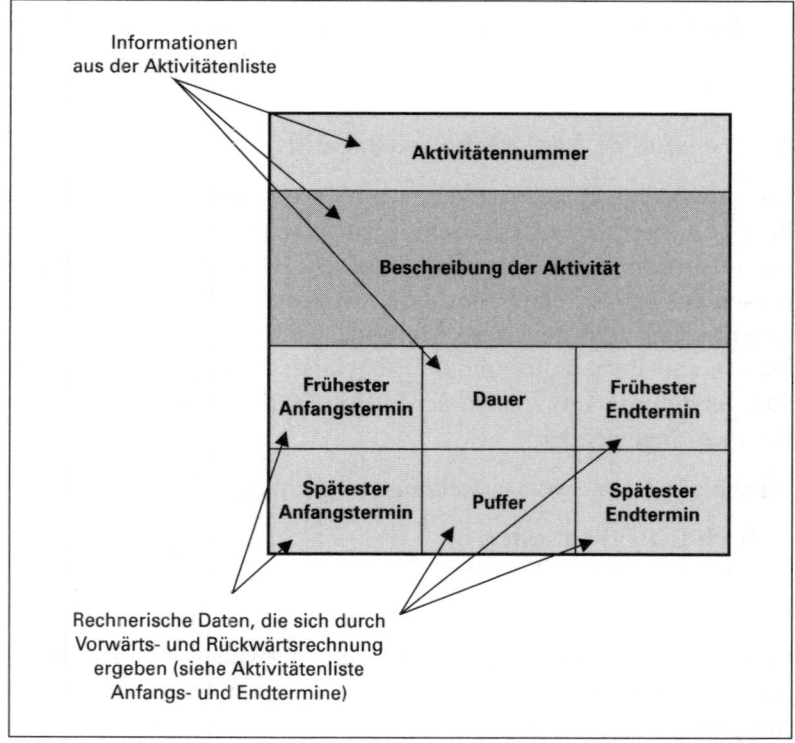

Netzplan

Methoden des Projektmanagements

Folgende Informationen können aus einem Netzplan entnommen werden:

▶ Aktivitätennummer,

▶ Beschreibung der Aktivität,

▶ Namen des Mitarbeiters, der mit der Umsetzung beauftragt wurde,

▶ Dauer der Aktivität,

▶ FAT: frühester Anfangstermin einer Aktivität,

▶ SAT: spätester Anfangstermin einer Aktivität,

▶ FET: frühester Endtermin einer Aktivität,

▶ SET: spätester Endtermin einer Aktivität,

▶ Wartezeiten,

▶ Puffer: Differenz zwischen frühestem und spätestem Termin,

▶ Kritischer Weg: Aktivitäten mit Puffer = 0. Auflistung aller Aktivitäten deren Verzögerung das gesamte Projekt verzögern.

Durch die Definition der Abhängigkeiten und der einzelnen Dauer in der Aktivitätenliste kann das DV-Programm nun diese Abhängigkeiten graphisch darstellen. Die folgende Abbildung zeigt eine vereinfachte Darstellung eines Netzplans.

Bei der Erarbeitung eines Netzplanes wird man sehr schnell erkennen, daß es oft nicht *nur eine* Möglichkeit gibt, die Aktivitäten anzuordnen; man muß sich für einen Ablauf entscheiden. Wieso sich aber festlegen wenn es nicht notwendig ist? In Projekten gibt es immer wieder Situationen, in denen bestimmte Phasen nicht genau planbar sind, da sie sehr chaotisch ablaufen und auch mit Rückschlägen einhergehen (zum Beispiel Entwicklungsphasen wo das Ergebnis einer Aktivität maßgebend für die Planung der weiteren Aktivitäten ist). Was soll dann im Vorfeld geplant werden?

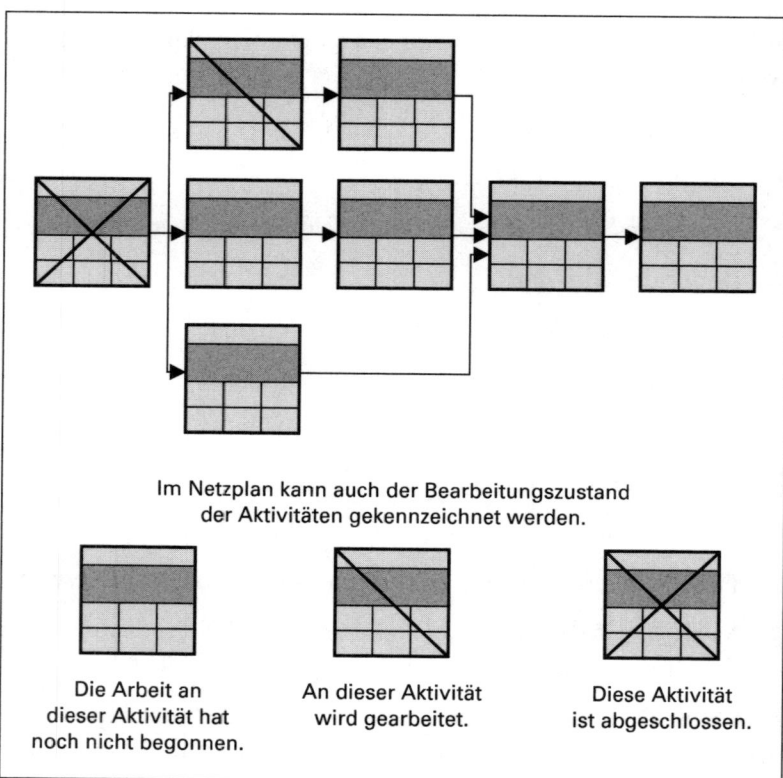

Netzplan

Eine Feinplanung wie die Netzplantechnik hat ihre Grenzen. Die Vorstellung, eine komplexe, neuartige Aufgabe bis ins Detail fein planen zu können, wird weiterhin ein Traum bleiben. Netzplantechnik kann helfen, bestimmte Zeitabschnitte eines Projektes besser zu überschauen, sollte jedoch nicht als alleiniges Planungsinstrument angewendet werden.

▶ Balkenplan

Eine andere, sehr verbreitete Darstellungsform eines Ablaufs ist der sogenannte „Balkenplan" oder das „Gantt-Diagramm". Für die

Darstellung eines Balkenplans gibt es keine allgemeingültigen Normierungen. Balkenpläne können auf allen Ebenen der Planung eingesetzt werden. Sowohl als grobe Darstellung der Arbeitspakete in der Grob-Terminplanung als auch als feine Darstellung der Aktivitäten in der Fein-Terminplanung.

Die Informationen, die für die Erstellung eines Balkenplans in der Fein-Terminplanung notwendig sind, werden genau wie beim Netzplan aus der Aktivitätenliste entnommen.

Der Vorteil eines Balkenplans ist die Übersichtlichkeit. Auf einen Blick ist erkennbar, wann mit einer Aktivität begonnen werden muß und wann diese abgeschloßen sein muß. Ein Nachteil des Balkenplans liegt darin, daß sich keine Abhängigkeiten zwischen den einzelnen Aktivitäten darstellen lassen.

Der Projektleiter muß entscheiden, welche Darstellungsform er für welchen Zweck verwendet. Um schnell einen Überblick über die verschiedenen Aktivitäten zu bekommen, empfiehlt sich ein Balkenplan. Zur Überwachung kritischer, voneinander abhängiger Aktivitäten und zur Optimierung von Abläufen hat sich der Netzplan bewährt.

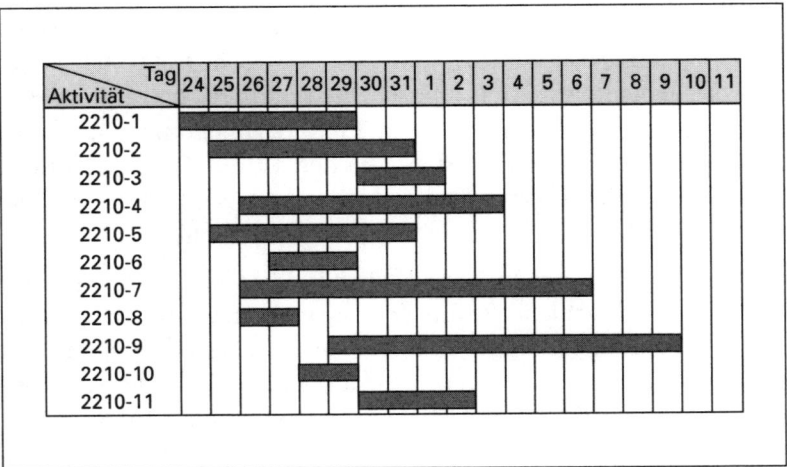

Beispiel eines Balkenplans

Kostenplanung

Neben den Ergebniszielen und den Terminzielen bekommen Kostenziele eine immer größere Bedeutung bei der Planung und Abwicklung eines Projektes. Die Projektkosten stehen meistens in enger Relation zum Nutzen des Projekts. Je höher die Kosten, desto geringer der Nutzen des Projekts. Eine Zielsetzung in Projekten ist somit, diese Kosten so gering wie möglich zu halten.

Viele Projektleiter tun sich oft schwer bei der Planung von Kosten, weil sie meistens gleichbedeutend ist mit Schätzung von Kosten. Obwohl die Methoden zur Planung von Terminen oder Zielen relativ bekannt sind, bewegt sich der Projektleiter bei der Planung/ Schätzung von Kosten meistens auf einem sehr unsicheren Terrain. Es fehlen Erfahrungswerte, auf die man zurückgreifen könnte.

Eine Kostenplanung ist gleichzeitig:
- Frühwarnsystem,
- Mittel zur Projektsteuerung.

In der Regel steigen die Kosten parallel zum Projektfortschritt. Zu Beginn der Planung entstehen nur geringe Kosten; erst wenn es zur Umsetzung der Planung kommt, fallen die großen Kostenblöcke an. Zu diesem Zeitpunkt der Realisierung sind jedoch kaum noch Änderungen im Projekt möglich. Wenn zum Beispiel bei einem Hausbau kurz vor dem Bau des Dachs festgestellt wird, daß die geplanten Kosten überschritten wurden, hat der Projektleiter kaum noch Möglichkeiten, Einfluß zu nehmen. In dieser Situation heißt es dann meistens, „in den sauren Apfel zu beißen" und den Mehraufwand so gut es geht zu minimieren. Die Beeinflußbarkeit des Projektes tendiert gegen Null.

Anders jedoch zu Beginn eines Projektes. Hier hat der Projektleiter noch die Möglichkeit (sollte er erkennen, daß die bewilligten Gelder nicht in Relation zum Aufwand stehen), entweder den Projektumfang zu reduzieren oder alternative Verfahren einzusetzen. Folgende Erkenntnis kann daraus gewonnen werden:

„Die Projektkosten sind nur in der Planungsphase maßgeblich beeinflußbar."

Aus diesem Grund sollte sich ein Projektleiter sehr intensiv mit der Kostenplanung seines Projektes auseinandersetzen, um ein Frühwarnsystem zu installieren. Insbesondere für den Auftraggeber der somit frühzeitig von seinem Projektleiter eine Rückmeldung über den zu erwartenden Kostenanfall bekommt.

Leider zeigt die Praxis, daß Projektleiter und Projektteam ebenso wie Auftraggeber vor dem Aufwand einer ausführlichen Planung zurückschrecken. Es herrscht meistens die Einstellung: „Wir haben keine Zeit zum Planen, laßt uns gleich mit der Umsetzung beginnen!" Dieses Versäumnis kann jedoch schwerwiegende Folgen am Ende des Projektes mit sich bringen. Dann ist es jedoch zu spät, noch etwas zu ändern.

Die folgende graphische Darstellung zeigt die Relation zwischen Kostenverlauf und Beeinflußbarkeit im Projekt.

Bei der Kostenplanung beziehungsweise Kostenschätzung gibt es zwei unterschiedliche Ebenen.

1. Grobschätzung anhand der Informationen aus dem Projektstrukturplan und dem Phasenplan.

2. Feinschätzung anhand der Informationen aus der Aktivitätenliste.

Projektkosten versus Linienkosten

Bei der Festlegung der Kosten wird der Projektleiter sehr schnell feststellen, daß er Schwierigkeiten hat festzulegen, welche Kosten dem Projekt zugeschrieben werden sollen und welche von den Fachabteilungen zu tragen sind.

Wenn zum Beispiel in einer Fachabteilung ein Fotokopiergerät für ein Projekt mitbenutzt wird, wie sollen diese Kosten geplant und später verbucht werden? Das Problem liegt nicht unbedingt in der Schätzung dieser Kosten, sondern vielmehr in der Schwierigkeit, diese zu verbuchen. Wie sollen Fotokopien verrechnet werden? Die meisten Rechnungswesen haben nicht die Möglichkeit, ein projektorientiertes Kostencontrolling durchzuführen. Viele Kosten

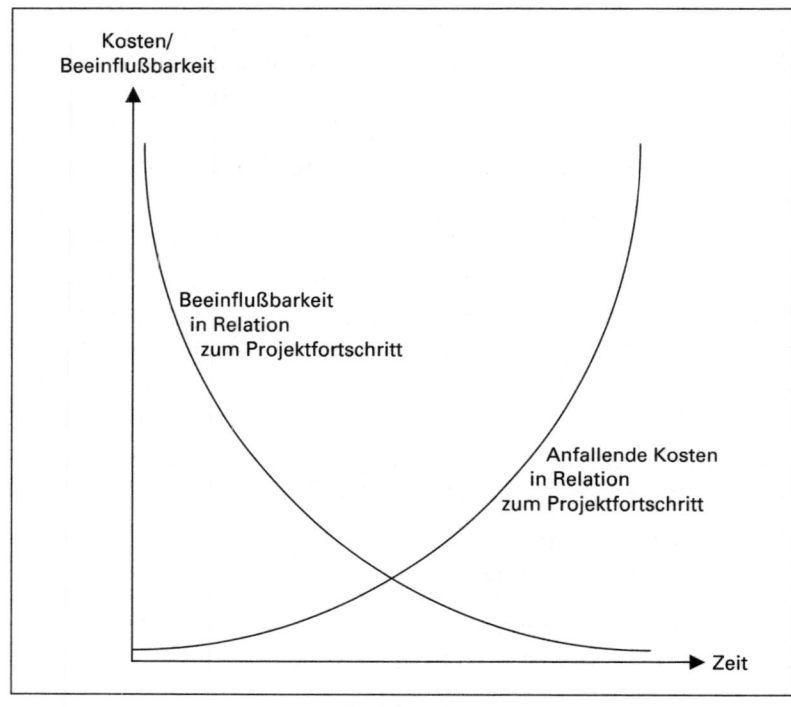

Kosten/
Beeinflußbarkeit

Beeinflußbarkeit
in Relation
zum Projektfortschritt

Anfallende Kosten
in Relation
zum Projektfortschritt

Zeit

Kosten bzw. Beeinflußbarkeit in Relation zum Projektfortschritt

werden als Gemeinkosten definiert und können auch gar nicht auf die einzelnen Projekte abgerechnet werden. In einigen Unternehmen werden zum Beispiel die gesamten Vertriebsaktivitäten nicht auf das Projekt, sondern über Gemeinkosten abgerechnet.

Was nützt einem Projektleiter dann die Planung von Kosten, wenn er gar keine Möglichkeit hat diese nachzukontrollieren? Die Lösung kann nur in einem projektorientierten Rechnungswesen liegen. Bei der Kostenplanung eines Projektes sollte sich der Projektleiter darüber im klaren sein, welche Möglichkeiten der Kostendefinition in seinem Unternehmen bestehen. Es muß im Vorfeld geklärt werden, welche Kosten ermittelbar und dem Projekt zurechenbar sind. Nur diese Kosten sollten in die Kostenplanung aufgenommen werden.

Grobschätzung der Kosten

Schon in den Anfangsstadien eines Projektes verlangt meistens der Auftraggeber von dem Projektleiter und seinem Team eine Schätzung der voraussichtlichen Kosten. Zu diesem Zeitpunkt fällt es dem Projektteam oft sehr schwer sich dazu zu äußern. Die Gefahr ist sehr groß, daß die Schätzung zu sehr von der Realität abweicht. Hinterher wird man dann auf diese ursprügliche Schätzung „festgenagelt". Diese erste Grobschätzung muß daher mit sehr viel Sorgfalt vorgenommen werden. Doch wie genau kann denn eine Schätzung sein? Interessant hierbei sind die Richtlinien im Baugewerbe. Dort werden zum Beispiel Bandbreiten von bis zu +/− 25 Prozent bei ersten Kostenschätzungen als noch tragbar angesehen.

Ausgangspunkt für die Grobschätzung ist die Projektauftragsmatrix beziehungsweise der Projektstrukturplan. Es müssen zuerst alle Maßnahmen beziehungsweise Arbeitspakete, das heißt alle Aufgabenblöcke grob definiert sein, bevor mit der Schätzung begonnen werden kann. Der Grundgedanke der Grobschätzung ist, daß nicht der Projektleiter „im stillen Kämmerlein" versucht, die Kosten des Gesamtprojektes abzuschätzen, sondern, daß diese anhand der definierten Arbeitspakete des Projektstrukturplans gemeinsam mit den Arbeitspaketverantwortlichen vereinbart werden. Die Schätzgenauigkeit wird dadurch erhöht, daß die Schät-

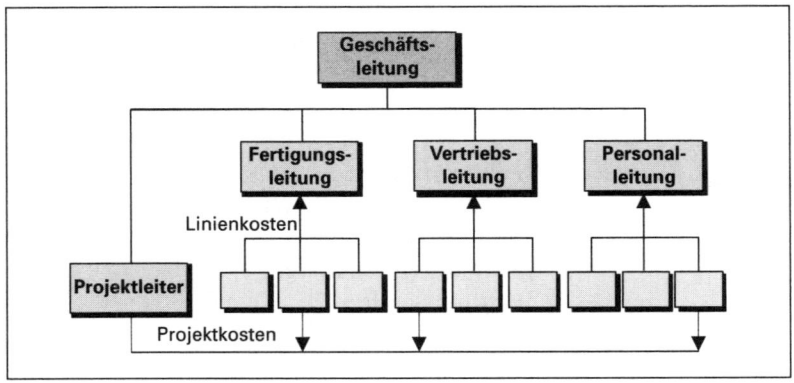

zung von dem Personenkreis vorgenommen wird, der fachlich und funktionell mit der Abwicklung der Arbeitspakete beauftragt wurde. Es handelt sich dabei um eine sogenannte „Bottom-up-Schätzung". Sollte im Projektteam nicht das notwendige Wissen für die Kostenschätzung vorhanden sein, empfiehlt es sich, das Know-how aus den Fachabteilungen hinzuzuziehen.

Feinschätzung

Die Feinschätzung ist eine weitere Stufe der Kostenschätzung. Grundlage der Feinschätzung ist die Aktivitätenliste. Durch die Definition der einzelnen Aktivitäten eines Arbeitspakets ist es möglich, die Kosten viel genauer abzuschätzen.

Es darf jedoch nicht vergessen werden, daß die Feinschätzung genau wie die Fein-Terminplanung nicht sinnvoll für das Gesamtprojekt erstellt werden kann. Feinschätzungen werden meistens für Budgetgenehmigungen der nächsten Phase erarbeitet und dem Auftraggeber vorgelegt.

Im einzelnen können folgende Arten von Kosten bei den einzelnen Aktivitäten anfallen:

Personalkosten: – Ingenieurstunden,
– Sachbearbeiterstunden,
– Fremdpersonal,
– Fertigungsstunden,
– Montagestunden.

Materialkosten: – nach Materialarten,
– Werkzeuge,
– Materialgemeinkosten.

Sonstige Kosten: – Rechnerstunden,
– Verwaltungsgemeinkosten,
– Reisekosten,
– Vertriebsgemeinkosten,
– Beratungskosten.

4 Abwicklung und Steuerung

Aufgabenverteilung

Allgemeines

D a macht man einen Plan und nochmal einen Plan, und es klappt doch nicht." Wieso gibt es oft Schwierigkeiten, Planungen umzusetzen? Eine wesentliche Ursache dafür ist: Wir *planen*, kommen aber nicht zum Tun, weil wir vergessen haben, es zu *wollen*!

Die ganzen Pläne sind nicht mehr wert als das Papier, auf dem sie geschrieben sind, wenn das Projektteam und die Fachabteilungen nicht bereit sind, sie umzusetzen.

Eine Hauptaufgabe des Projektleiters ist es, nach abgeschlossener Planung, aber bevor es an die Umsetzung geht, Akzeptanz für die Planungsergebnisse zu schaffen. Planungsergebnisse müssen veröffentlicht werden! Eine Planung, die in der Schublade verschwindet, nützt gar nichts.

Der Erfolg eines Projektes hängt sehr stark davon ab, ob Projektteam und Fachabteilungen davon überzeugt sind.

Die Zustimmung des Projektteams wird dadurch erreicht, daß es aktiv die gesamte Planung gemeinsam mit dem Projektleiter entwickelt. Eine zusätzliche Identifizierung mit den Planungsergebnissen kann dadurch erreicht werden, daß die Planung gemeinsam dem Auftraggeber präsentiert wird und dadurch das „Wollen" des Projektteams verbindlicher wird.

Von entscheidender Bedeutung ist auch das Informationswesen des Projektteams. Wenn die Planung erstellt ist, muß man viel Zeit und Energie in die Weitergabe der Informationen zur Projektplanung stecken. Ein ständiges „Visualisieren" der Planung ist notwendig. Die Fachabteilungen müssen solange mit den Inhalten der Projektplanung „bombardiert" werden, bis diese von allen Beteiligten verstanden und akzeptiert sind.

Um nun auch allen Beteiligten klar zu machen, wofür sie verantwortlich sind, wer mitarbeiten und wer bestimmte Informationen bekommen muß, kann es durchaus sinnvoll sein, gewisse Instrumente einzusetzen. Im folgenden Abschnitt werden Instrumente vorgestellt, die diesen Zweck erfüllen.

IMV-Matrix

IMV steht für:

- Information,
- Mitarbeit,
- Verantwortung.

Die IMV-Matrix erfaßt in einer Tabelle alle Personen, die mit einer bestimmten Aufgabe in Berührung kommen. Bei jeder Aufgabe gibt es immer einen Verantwortlichen, Personen, die mitarbeiten, und Personen, die über diese Aufgabe informiert werden müssen/ sollten.

Zu den einzelnen Aufgaben kann auch noch der Arbeitsaufwand für jeden Projektbeteiligten dargestellt werden. Über die verschiedenen Aufgaben hinweg ergibt sich daraus ein Kapazitätenprofil für die jeweiligen Projektbeteiligten.

IMV-Matrix						
Arbeits-pakete \ Projekt-beteiligte	Arbeits-aufwand	Maier	Müller	Kaiser	König	Schmid
1. Technische Projektierung	13		V5	M2	M6	I
2. Vorkalkulation	5	V3	M2	I		I
3. Kundenkontakt	7					V7
4. Angebots-erstellung	3	I		V3		I
Kapazitätsbelastung in Manntagen	28	3	7	5	6	7

I = wird informiert, M = Mitwirkung, V = Verantwortung

Beispiel einer IMV-Matrix

Aktionsplan

Der Aktionsplan ist ein Instrument, das oft bei Arbeitssitzungen oder Projektteamsitzungen angewendet wird. Mit dem Aktionsplan können sehr schnell Aufgaben definiert, delegiert und terminiert werden. Er eignet sich jedoch nur bedingt für größere Aufgabenumfänge.

Folgende Informationen werden in einem Aktionsplan festgehalten:

Inhalt → *Was* muß getan werden?
Personen → *Wer* ist dafür verantwortlich?
Termine → *Bis wann* liegt das Ergebnis vor?

Pos.	Was?	Wer?	Bis wann?

Beispiel eines Aktionsplans

Projektsteuerung/Projektcontrolling

Allgemeines

Die Projektsteuerung ist die Hauptaufgabe des Projektleiters und des Projektteams in der Realisierungsphase.

Voraussetzung für die Projektsteuerung ist, daß die Aufgaben die erledigt werden müssen, definiert sind. Um Projekte zu steuern, gibt es prinzipiell zwei Möglichkeiten. Die „klassische" Vorgehensweise geht von der Theorie aus, daß durch Kontrollen Abweichungen erkannt werden, die dann Steuerungsmaßnahmen nach sich ziehen. Der Nachteil dieser Vorgehensweise liegt darin, daß erst etwas unternommen wird, wenn „das Kind schon in den Brunnen gefallen ist" beziehungsweise wenn die Abweichung schon eingetreten ist. Folgende Faktoren führen dabei zwangsläufig zu Verzögerungen:

▶ Zeitraum zwischen dem Eintreten der Abweichung bis zu ihrem Erkennen,

▶ Zeitraum für die Ursachenanalyse und Maßnahmenbearbeitung,

▶ Zeitraum für die Entscheidung beziehungsweise Entschlußfassung über Korrekturmaßnahmen,

▶ Zeitraum zwischen der Entscheidung und der Einleitung der Korrekturmaßnahmen,

▶ Zeitraum zwischen der Durchführung der Korrekturmaßnahmen und dem Greifen dieser Maßnahmen.

Die Alternative dazu sind Trendanalysen. Die Trendanalyse verfolgt die Idee, Abweichungen zu erkennen, noch bevor diese eingetreten sind, um so schon im Vorfeld Korrekturmaßnahmen einleiten zu können. Heutzutage werden meistens beide Vorgehensweisen angewendet. Zur Steuerung von Arbeitspaketen werden häufig noch klassische Kontrollinstrumente eingesetzt. Zur Steuerung von Meilensteinterminen werden immer häufiger auch Trendanalysen durchgeführt.

Folgende Darstellung soll die beiden Vorgehensweisen der Projektsteuerung verdeutlichen:

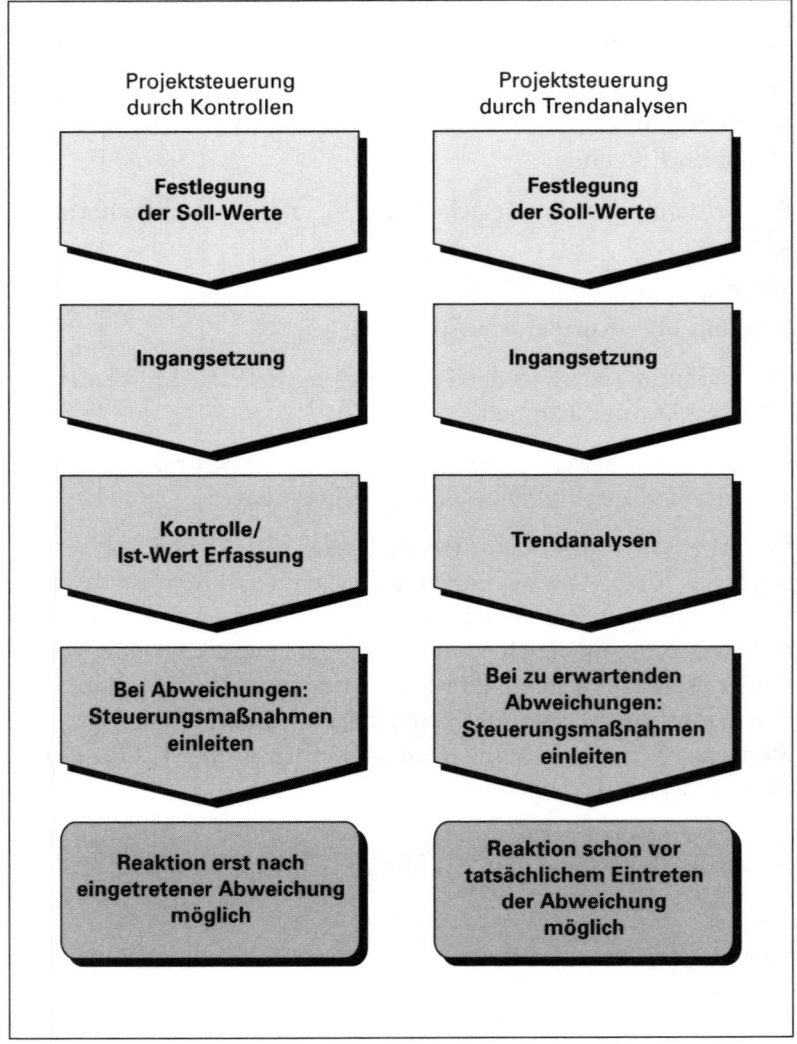

Projektsteuerung durch Kontrollen bzw. durch Trendanalysen

Arten der Projektkontrollen

Kontrollen werden durchgeführt um folgende Abweichungsarten zu ermitteln:

- Terminabweichungen,
- Ergebnisabweichungen,
- Kostenabweichungen.

Eine Kontrolle ist aber nur dann sinnvoll, wenn die ermittelten Daten eine Aussage über Abweichungen vom definierten Soll-Wert erlauben. Die Projektkontrollmöglichkeiten hängen somit sehr stark mit den festgelegten Soll-Werten zusammen. Sind nur grobe Soll-Werte vorhanden, können auch nur grobe Soll-Ist-Vergleiche durchgeführt werden.

Die Kontrollmöglichkeiten im Projekt hängen eng mit den angewendeten Planungsinstrumenten zusammen.

Prinzipiell haben sich zwei Vorgehensweisen bei der Projektkontrolle bewährt:

- Ergebniskontrolle in Form von Meilensteinüberwachung,
- Leistungsfortschrittskontrolle.

Meilensteinüberwachung

Die Vorgänge in Projekten sind durch die Komplexität der Aufgaben so schwer zu überschauen, daß eine einzelne Person, zum Beispiel der Projektleiter, gar nicht in der Lage ist, diese Fülle von Aufgaben zu kontrollieren. Sinnvoller als die Kontrolle der Aufgaben ist denn auch die Kontrolle der Zwischenergebnisse. Sie zeigt, ob das Projekt noch im Termin- und Kostenrahmen liegt.

Leistungsfortschrittskontrolle

Bei der Leistungsfortschrittskontrolle werden ständig die Leistungen der einzelnen Aufgaben kontrolliert um rechtzeitig Abweichungen feststellen zu können. Das hat jedoch den Nachteil, daß die Kontrolle von der subjektiven Einschätzung der Leistung des

Kontrollierenden abhängig ist. Verzerrungen in der Leistungsbeurteilung sind nicht auszuschließen. Die Vielzahl von Aufgaben erschwert außerdem eine konkrete Aussage über den Stand des Gesamtprojektes.

Bei einer Stichtagskontrolle wird periodisch der Stand der einzelnen Aufgaben ermittelt. Die erbrachte Leistung wird definiert und über die gesamten Aufgaben mit einer sogenannten Erfüllungslinie dargestellt. Die Abweichung zwischen Stichtagslinie (Soll-Werte) und Erfüllungslinie (Ist-Werte) soll Einblick in die momentane Terminsituation des Projektes geben. Die Aussage, das Projekt liegt 95 Prozent hinter den Soll-Werten zurück, ist jedoch mit sehr vielen Unsicherheiten behaftet. Die Stichtagskontrolle ermöglicht keine definitive Aussage über den Stand des Projektes.

Das folgende Beispiel einer Stichtagskontrolle soll dies verdeutlichen.

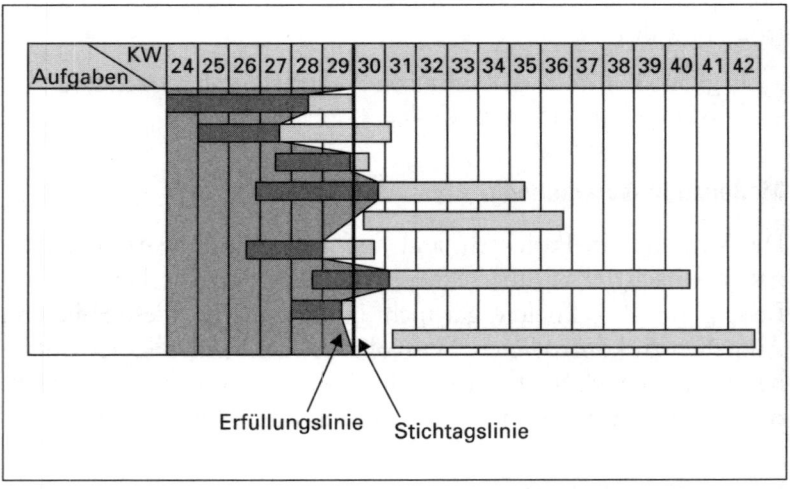

Stichtagskontrolle

Projekttrendanalysen

Eine sinnvolle Methode, um in Projekten frühzeitig Abweichungen zu erkennen, ist die „Meilenstein-Trendanalyse". Der Meilenstein-Trendanalyse (MTA) liegt folgende Theorie zugrunde: In Projekten wird es immer wichtiger, sich auf Aussagen von Experten zu stützen. Da es kaum noch möglich ist, aussagefähige Kontrollmechanismen zu installieren, bekommen Trendaussagen eine immer größere Bedeutung bei der Beurteilung des Projektstands. Die Meilenstein-Trendanalyse versucht, die Trendaussagen der Experten bildlich darzustellen, und ermöglicht somit dem Projektleiter oder dem Entscheider, frühzeitig (noch vor dem tatsächlichen Eintreten) Gegenmaßnahmen einzuleiten.

Folgende Schritte sind dabei einzuhalten:

▶ Projektteam und Fachexperten treffen sich regelmäßig und beurteilen die Termin-, Kosten- und Ergebnissituation des bevorstehenden Meilensteines.

▶ Es geht nicht darum, den aktuellen Stand zu ermitteln, sondern eine Aussage zu treffen, ob die Ziele der nächsten Meilensteine wie vereinbart eingehalten werden können.

▶ Vertreten die Experten die Meinung, daß sich zum Beispiel der Termin des nächsten Meilensteines verschieben wird, bedeutet dies nicht, daß diese Verschiebung angenommen wird. Es handelt sich um eine Trendaussage von Experten. Der Projektleiter hat nun die Möglichkeit, Gegenmaßnahmen einzuleiten.

Die folgende Abbildung zeigt ein Beispiel einer möglichen Meilenstein-Trendanalyse. Im März hat das Projektteam die Aussage getroffen, daß der zweite Meilenstein vom August erst im September und der dritte Meilenstein vom Januar erst im Februar stattfinden wird. Nun hat der Projektleiter die Möglichkeit, Steuerungsmaßnahmen einzuleiten. Im April hat das Team noch die gleiche Meinung. Im Mai haben die Steuerungsmaßnahmen gegriffen, und das Team kommt wieder zur Einsicht, daß die Meilensteine August und Januar wieder termingerecht stattfinden werden. Im Juli kommt es zu einer neuen Trendaussage: Der Januartermin hat zwei Monate Verzug. Im August stellt das Team wiederum fest, daß ein Monat Verzug aufgeholt werden konnte. Dieser Verzug kann dann jedoch nicht mehr eingeholt werden. Dies zeigen auch die Trendaussagen der folgenden Monate.

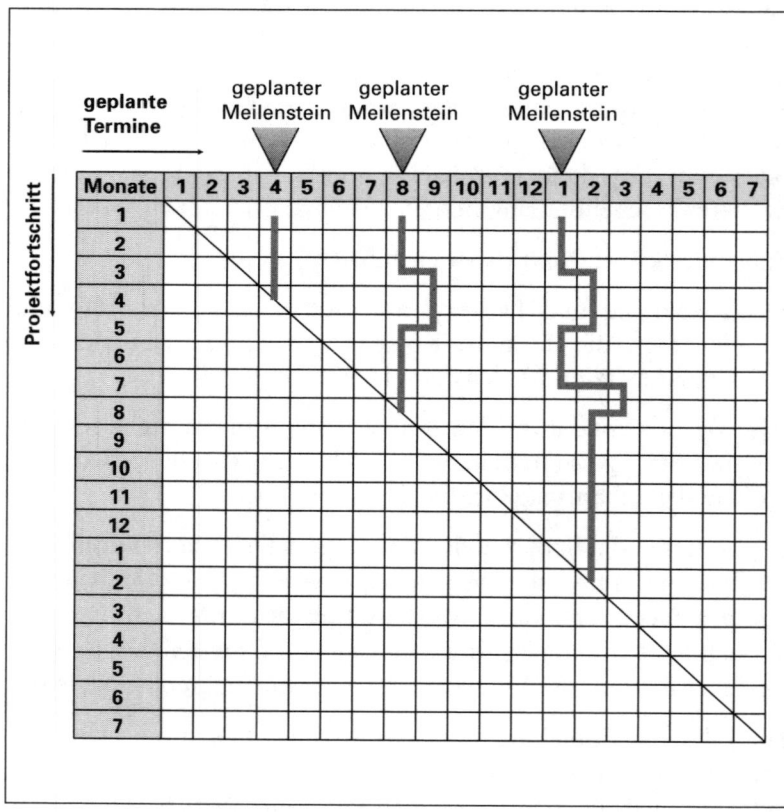

Beispiel einer Meilenstein-Trendanalyse

Berichtswesen

Neben dem Arbeiten im Projekt darf der Projektleiter nicht vergessen, den Auftraggeber regelmäßig mit Informationen zu versorgen. Dabei ist es nicht einfach zu bestimmen, wieviel Information weitergeleitet werden muß. Einige Projektleiter haben es sich zur Regel gemacht, sämtliche Protokolle in Kopie an den Auftraggeber zur Kenntnisnahme weiterzuleiten – was dazu führen kann, daß der Auftraggeber in einem Berg von Sitzungsprotokollen ertrinkt und zum Schluß gar nicht mehr weiß, was in den Projekten läuft. In einem Großkonzern haben wir Fälle beobachtet, in denen hohe Führungskräfte bis zu 100 Sitzungprotokolle pro Woche zugeschickt bekamen!

Wenn Probleme in einem Projekt auftreten – was ja Projektalltag ist –, entsteht für den Projektleiter ein weiteres Dilemma. Wann hat er seinen Auftraggeber über die Probleme im Projekt zu informieren? Berichtet er zu oft über Probleme, die sich dann als „peanuts" herausstellen, kann er schnell zum „Panikmacher" werden. Wenn er jedoch Probleme verharmlost und immer rückmeldet, daß „eigentlich alles in Ordnung" ist, läuft er Gefahr, als Lügner dazustehen, sollte das verheimlichte Problem eskalieren.

Aufgrund unserer Erfahrung empfehlen wir, zu Beginn des Projekts mit dem Auftraggeber abzustimmen, welche Informationen er in welchem Rhythmus haben möchte. Das Gleiche gilt für den Informationsfluß zwischen dem Projektleiter und den Teammitgliedern. Je klarer die Absprachen zu Beginn des Projekts sind, desto geringer das Risiko, daß Mißverständnisse entstehen.

Empfehlenswert sind folgende Berichte:

▶ *Meilensteinreport:* Bericht nach Erreichen eines Meilenstein-Ergebnisses.

▶ *Statusbericht:* Regelmäßiger Zwischenbericht über den Fortschritt des Projekts entweder wöchentlich, monatlich oder am Ende eines Quartals (nach Vereinbarung).

▶ *Änderungsmitteilung:* Rückmeldung über Änderungen der Kosten, Termine oder Ergebnisse im Projekt. Es muß zu Beginn des Projekts festgelegt werden, bei welchen Änderungen der Entscheider zu informieren ist. Die Änderungsmitteilung gilt, wenn sie genehmigt worden ist, als Auftragsänderung.

▶ *Arbeitspaket-Rückmeldung:* Rückmeldung der Teammitglieder an den Projektleiter. Der Projektleiter sollte genau festlegen, wie und in welchen Abständen er von den Teammitgliedern über den Fortschritt der Arbeiten informiert wird.

Meilensteinreport

Meilenstein Nr.: _____

Projekt: _____

Datum: _____

Folgendes Meilensteinergebnis war geplant:
_____

Folgendes Ergebnis haben wir erreicht:
_____

Folgende Kosten hatten wir hierfür geplant:
_____

Folgende Kosten haben wir ausgegeben:
_____

Folgendes Budget brauchen wir für die nächste Phase:
_____

Maßnahmen in der nächsten Phase:
_____

Nächster Meilenstein:
_____

Zur Kenntnisnahme:	Zur Genehmigung:
Projektleiter	Projektleiter
Team	Linienvorgesetzter
Entscheider	Entscheider
Auftraggeber	Auftraggeber

Statusbericht (ausführlich)

Bericht Nr.:
Projekt:
Datum:

- Wird das Projekt den Zeitplan einhalten?
- Wann ist der endgültige Termin?
- Wie hoch sind die geschätzten Gesamtkosten?
- Status der anderen wichtigen Projektziele
  - Kunden
  - Lieferanten
  - Geschäftspartner
  - Qualität
- Welche Erfolge und Fortschritte gab es seit dem letzten Statusbericht?
- Welche Verzögerungen, Rückschläge und Probleme gab es seit dem letzten Statusbericht ?
- Listen Sie die Korrekturmaßnahmen auf, die Sie ergriffen haben.
- Listen Sie die Korrekturmaßnahmen auf, über die entschieden werden muß.
- Kostenvergleich Soll/Ist/Prognose
  Begründen Sie Abweichungen.

Ausblick
- Datum des nächsten Statusberichts
- Listen Sie die Ergebnisse auf, die bis zur nächsten Besprechung erreicht werden sollen.

Änderungsmitteilungen

Entscheidend für eine effektive Projektsteuerung ist, daß die Werte, die in der Planung definiert sind, als Soll-Werte Gültigkeit haben. Da in einem Projekt ein hohes Maß an Dynamik vorhanden ist, müssen die Soll-Werte oft verändert beziehungsweise angepaßt werden. Von entscheidender Bedeutung ist in diesem Zusammenhang die Dokumentation der veränderten Soll-Werte.

Statusbericht

Bericht-Nr.: _____

Datum: _____

Projekt: _____

Projektleiter: _____

Team: _____

Kurzbeschreibung des Projekts: _____

_____

_____

Terminsituation	Kostensituation	Ergebnissituation

(Sehr kritisch)

(Bestimmte Aspekte sind kritisch oder können kritisch werden)

(Alles im grünen Bereich)

Ziele	Änderungen

Bemerkungen zum aktuellen Status: _____

_____

_____

Änderungsmitteilung	Datum:

Projekt _____ **Projektleiter** _____

○ Änderung des Ergebnisses ○ Änderung der Termine ○ Änderung der Kosten

Folgende Abweichungen wurden festgestellt:

Arbeitspaket: Veränderungen gegenüber der Planung:

○ Änderung der Ziele

○ Änderung der Planung/Vorgehensweise

Genaue Beschreibung der Abweichung:

Ursache der Abweichung:

Neuer Soll-Wert:

Zur Kenntnisnahme:
☐ Projektleiter
☐ Team
☐ Auftraggeber

Zur Genehmigung:
☐ Projektleiter
☐ Linienvorgesetzter
☐ Auftraggeber

Formblatt-Muster für Änderungsmitteilungen

Formblatt-Muster für einen Statusbericht (linke Seite)

Projektteams unterliegen oft der Gefahr, Änderungen nicht zu dokumentieren. Gerade bei kleinen Änderungen wird auch nicht untersucht, ob sich diese auf die Projektziele auswirken. Das Projektteam braucht ein Instrumentarium, um diese Änderungen zu dokumentieren und um zu untersuchen, ob sie die Ziele beziehungsweise den Projektauftrag beeinflussen. Ein Formblatt wie in auf der davorliegenden Seite ist dabei hilfreich.

Dokumentation

Da jedes Unternehmen andere Strukturen und Anforderungen hat, ist es unmöglich, Dokumentationsstandards zu definieren. Dies muß jedes Unternehmen für sich festlegen. Aber es gibt einige zentrale Fragen, die man berücksichtigen sollte:

- ▶ Was soll dokumentiert werden?

- ▶ Wie soll dokumentiert werden?

- ▶ Wann müssen die Unterlagen archiviert werden?

- ▶ Wer kümmert sich um die Dokumentation?

- ▶ Für wen werden Unterlagen gesammelt?

- ▶ Wo werden die Unterlagen aufbewahrt?

- ▶ Wer darf auf die Unterlagen zurückgreifen?

- ▶ Welche gesetzlichen Anforderungen werden an die Projektunterlagen gestellt?

- ▶ Wie lange müssen die Unterlagen nach Projektabschluß aufbewahrt werden?

- ▶ Welche Unterlagen müssen nach Abschluß des Projektes noch aufbewahrt werden?

Prinzipiell lassen sich zwei Arten von Dokumentationsunterlagen unterscheiden:

Unterlagen zum Produkt beziehungsweise Ergebnis:

- Beschreibung des Ergebnisses,
- Konstruktionspläne,
- Stücklisten,
- technische Beschreibungen,
- Prüfprotokolle.

Unterlagen zum Ablauf des Projektes:

- Ergebnisberichte wie zum Beispiel Meilensteinberichte,
- Stichtagsberichte über Projektfortschritt,
- Änderungsmitteilungen,
- Kostenberichte,
- Planungsunterlagen,
- Projekttagebücher.

Das Projektteam muß zu Beginn des Projektes ein Ordnungssystem für die Ablage aller projektrelevanten Unterlagen festlegen. Eine Möglichkeit ist, sich an der hierarchischen/numerischen Struktur des Projektstrukturplanes zu orientieren. Alle Unterlagen werden in diesem Fall den Arbeitspaketen oder Teilprojekten zugeordnet.

5 Der Mensch im Projekt

P rojektarbeit findet immer in Organisationen und ihrem Umfeld statt. In diesen Organisationen und ihrem Umfeld leben und arbeiten Menschen. Die geleistete Arbeit, insbesondere die Projektarbeit, ist nur so gut, wie diese Menschen es verstehen zu kommunizieren und wie sie in der Lage sind, zusammenzuwirken. Die Technikgläubigen, die lange Zeit der Meinung waren, Nachläßigkeiten auf diesem Gebiet mit Hilfe der Technik, insbesondere der Datenverarbeitung ausgleichen zu können, wurden durch eigene Erfahrung eines Besseren belehrt. Ziel einer jeden Organisation sollte es deshalb sein, eine Kultur zu entwickeln, in der das Individuum Mensch Entfaltungsmöglichkeiten hat und seine Potentiale und Ressourcen für eine gestellte Aufgabe einbringen kann, darf und will.

Der Zeitraum für die Entwicklung von Verhaltensweisen für das Leben in Organisationen ist in der Regel kurz. Rational sehen wir die Notwendigkeit, in einer Organisation zu leben, zwar ein, emotional wird unser Handeln und Verhalten aber weitgehend von den Erfahrungen der ersten Entwicklungsphase in Kleingruppen bestimmt. Es ist in jedem Fall zu beobachten, daß wir in Kleingruppenformationen über eine stärker ausgeprägte Orientierungs- und Entscheidungssicherheit verfügen. Diese Veranlagung von Menschen spricht dafür, daß Menschen in team-/gruppenorientierter Projektarbeit zu Leistungen fähig sind, die ihnen in einer konservativen Linienorganisation niemand zugetraut hätte.

Unternehmenskultur und Projektarbeit

Was ist überhaupt „Unternehmenskultur"?

In vielen Veröffentlichungen wird der Begriff „Unternehmenskultur" erläutert als die Gesamtheit von Normen, Wertvorstellungen und Denkhaltungen, die das Verhalten der Mitarbeiter aller Stufen und somit das Erscheinungsbild eines Unternehmens prägt. Einfacher könnte man sagen:

„Kultur ist die Art und Weise, wie ein Unternehmen Aufgaben angeht und Probleme löst."

Kultur hat aber auch eine zeitliche Dimension. Deshalb erinnert die Kultur eines Unternehmens auch immer an die Geschichte und die Menschen, die diese Kultur geprägt haben. Betrachten wir Unternehmenskultur in ihrer Beziehung zu betriebswirtschaftlichen Zielgrößen, so kann man diese nicht, wie manche es gerne tun, als Modeerscheinung abtun. Beim näheren Hinsehen wird uns bewußt, daß erfolgreiche Unternehmen zwar selten offen über Kultur diskutieren, aber ihre Bedeutung richtig einschätzen und die tragenden Elemente intuitiv pflegen. Natürlich garantiert eine lebendige Unternehmenskultur allein keinen dauerhaften wirtschaftlichen Erfolg.

Richtige Strategien, daran orientierte Ziele und die konsequente Umsetzung der Ziele in unternehmerisches Handeln machen den Erfolg in der Summe erst aus. Aber in jedem Aspekt offenbart sich gelebte Kultur. Man erkennt sie

▶ an der innerbetrieblichen Kommunikation,

▶ daran, wer aufgrund welcher Leistungen befördert wird,

▶ daran, wie Konflikte ausgetragen werden,

▶ daran, ob Titel und Hierarchie stark betont werden,

▶ wie sich Führungskräfte und Mitarbeiter in Besprechungen verhalten,

- am Briefstil des Hauses,

- am Verhalten gegenüber Kunden oder Gästen,

- an der Bereitschaft, Mehrarbeit zu leisten,

- an der Art, wie Entscheidungen getroffen und durchgesetzt werden.

Unternehmenskultur ist zwar Realität, aber gleichzeitig schwer faßbar. Sie läßt sich nicht managen oder manipulieren. Man kann nur ihre Entwicklung unterstützen, indem man die Mitarbeiter in die Entscheidungsprozesse einbindet und ihre Belange und Bedürfnisse ernst nimmt. Denn jeder Mitarbeiter, jede Führungskraft ist ein Kulturträger und die Gesamtheit aller Kulturträger macht eine Unternehmenskultur erst aus.

Auswirkungen von Projektarbeit auf Unternehmenskultur

Starke Unternehmenskulturen entstehen in „stabilen" Zeiten, in denen wenig Veränderungsdruck auf das Unternehmen wirkt. Deshalb besteht bei solchen Kulturen eine große Neigung zur Unflexibilität und Erstarrung. Man ist stolz auf das Erreichte und überzeugt, daß die Art und Weise, Dinge anzugehen, sich bewährt hat und auch in der Zukunft richtig sein wird. Wem die Notwendigkeit, sich ständig Veränderungen zu stellen, zu lange erspart bleibt, verliert die Fähigkeit, sich dem Wandel anzupassen. Dieses Problem ist besonders ausgeprägt bei erfolgreichen Linienorganisationen.

Unternehmen, die auf Projektmanagement setzen, nutzen damit eine Arbeitsform, die es ermöglicht, interdisziplinäre Zielsetzungen schnell und wirtschaftlich zu erreichen. Projektmanagement ist demnach eine Möglichkeit, auf veränderte Markt- und Umfeldbedingungen zu reagieren. Es bietet die Chance, wichtige Zukunftsaufgaben anzugehen und dabei die Ressourcen kostenoptimiert und zielgerichtet einzusetzen. Projektarbeit kann sich dabei als eine dynamische, problemorientierte und flexible Arbeitsform beweisen.

Die Einführung von Projektmanagement ist für die meisten Unternehmen mit einem Lernprozeß verbunden, in dessen Verlauf sich auch die Kultur entwickelt. Projektmanagement fördert eine lebendige Unternehmenskultur. Die Bereitschaft, Veränderungen als Chance und Herausforderung zu begreifen, wächst. Natürlich entstehen solche Entwicklungen nicht ohne Schwierigkeiten und Widerstände aus der Linie.

Je ganzzeitlicher man einen solchen Einführungsprozeß anlegt, desto schneller überwiegen die Kräfte, die Projektmanagement als wichtige und zukunftsweisende Einrichtung erkennen und fördern.

Projektarbeit versus Linienarbeit

Komplexe Aufgabenstellungen in Unternehmen oder Unternehmenseinheiten erfordern eine Annäherung der Fachbereiche und verlangen mehr denn je interdisziplinäre Zusammenarbeit.

Mit der Einführung des Projektmanagements steht ein Instrument zur Verfügung, um die Grenzen der traditionellen Organisationsstrukturen zu überwinden. Die Einführung in einem Unternehmen bedeutet meist eine Erweiterung der Unternehmensorganisation sowie eine Veränderung der Machtverhältnisse und wird von der traditionellen Linienmacht oft als Bedrohung empfunden.

Linienmanager werden in der Regel dafür belohnt, daß sie ihren Fachbereich, ihre Abteilung erfolgreich führen. Die Zielsetzung des gesamten Unternehmens gerät dabei schnell ins Hintertreffen. Projektmanagement wird neben dem Beispiel „Anlauf neuer Produkte" oft dann angewendet, wenn das Linienmanagement den Anforderungen nicht mehr gewachsen ist. Überproportional lange Projektdauer, Konflikte zwischen den Fachbereichen, schlechtes Betriebsklima, große Fluktuation, besorgniserregende Kostenentwicklung sind Indizien dafür.

Diese Beispiele verdeutlichen, in welche Konfliktsituationen das Management bei der Projektarbeit gerät, denn sie ist ja genau von den gleichen Managern zu verantworten. Wenn das Linienmanagement Ressourcen bereitstellen muß für die Untersuchung dieser Unzulänglichkeiten, erfordert dies eine große Souveränität der beteiligten Personen. Allzuoft wird auch hier leider mehr dagegen als zielstrebig dafür gearbeitet.

Ein weiteres Problemfeld stellen Differenzen zwischen Unternehmens- und Projektkultur dar. Obwohl diesem Problembereich in den Unternehmen bis heute wenig Aufmerksamkeit geschenkt wird, lassen sich damit eine Reihe sozialer und emotionaler Konflikte erklären. Während beispielsweise die Unternehmenskultur in den klassischen hierarchischen Organisationsstrukturen durch die vertikale Informations- und Weisungsflüsse und durch eine eher autoritäre Grundeinstellungen geprägt ist, erfordert Projektarbeit sowohl vertikale als auch horizontale Beziehungs- und Kommunikationsstrukturen. Ein effizienter Ablauf ist nur möglich, wenn in der untersten Ebene selbständig gedacht, fachmännisch entschieden und vor Ort koordiniert wird. Die Arbeits-

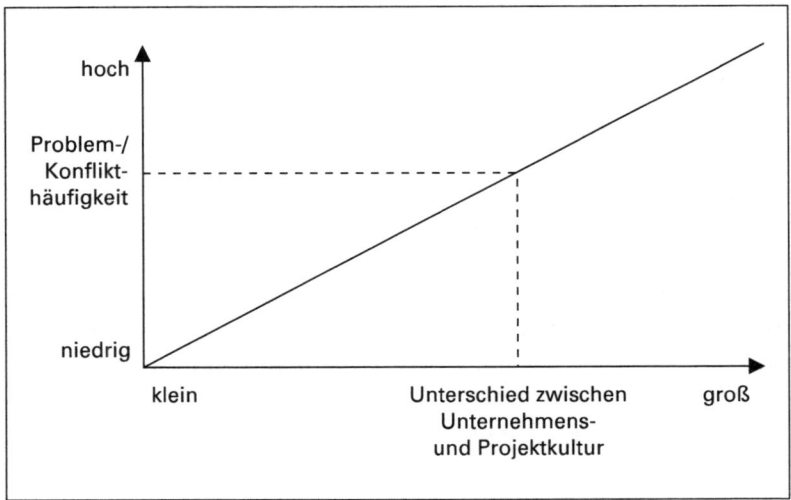

Differenzen zwischen Unternehmens- und Projektkultur

platz-, Abteilungs- und Fachbereichsgrenzen dürfen dabei keine Rolle spielen. Die Projektkultur spiegelt partizipative Verhaltensregeln wider, die in der Linie immer mehr vermißt werden. Der Konflikt zwischen Projekt- und Unternehmenskultur ist um so ausgeprägter, je unterschiedlicher diese sind, je höher also der Grad der Inkompatibilität der Denk- und Verhaltensweisen ist.

Die beispielhaft beschriebenen Problemfelder zwischen Projekt- und Linienmanagement lassen sich nur theoretisch voneinander trennen. In der Praxis sind sie in der Regel miteinander verwoben und schwächen das Projektmanagement beziehungsweise verringern den PM-Erfolg.

Der Beteiligungsaspekt

Die hierarchische Organisation stößt zunehmend an ihre Grenzen, wenn es darum geht, komplexe Sachverhalte für Entscheidungen aufzubereiten oder Entscheidungen zu treffen. Die übliche Praxis von Vorgesetzten, Entscheidungen von Sachbearbeitern vorbereiten zu lassen, die Vorlage zu studieren und dann die Entscheidungen zu treffen, ist aus vielerlei Gründen ineffizient geworden.

Die Hauptursache liegt wohl darin, daß ein Sachbearbeiter nur eine begrenzte Sicht aus seiner speziellen Fachperspektive zum gesamten Problem hat. Das heißt, er beurteilt das Gesamtproblem nur aus seiner Spezialistenperspektive. Für den Vorgesetzten wird es zunehmend schwerer, solche Einzelbeurteilungen genügend zu differenzieren und dann zu einer endgültigen Beurteilung wieder zusammenzufügen. Die direkte Konfrontation der Meinungen und Argumente fehlt. Der Entscheider kann zudem nie sicher sein, daß er wirklich alle notwendigen Informationen besitzt. Wer kennt nicht Versuche von Mitarbeitern, Informationen zurückzuhalten oder Informationen zu sieben, um den Chef inkompetent erscheinen oder ihn gar ins offene Messer laufen zu lassen. Des weiteren muß jeder Vorgesetzte davon ausgehen, daß die Informationen, die ihm zugespielt werden, von bestimmten Interessen gelenkt sind. Angesichts dieser Probleme, muß man sich fragen, wie überhaupt noch situationsgerechte Entscheidungen zustande kommen.

In Projektteams ist das anders. Hier werden Entscheidungen sehr effizient vorbereitet, weil die Spezialisten Argumente, Meinungen und Positionen austauschen, gegeneinander abwägen und miteinander verbinden. Während dieses Prozesses entstehen neue Vorschläge, neue Argumente und neue Ideen, die Meinungsbildung wird optimiert. Die Erfahrung hat gezeigt, daß Projektteams meistens zu besseren Ergebnissen kommen als Einzelpersonen in der Hierarchie. Im Projektteam verkörpert jedes Teammitglied ein Stück Hierarchie. Dies wirkt am Anfang häufig etwas beängstigend, weil der einzelne auch die Last der Verantwortung spürt. Nach ersten Erfolgen sind die Teammitglieder jedoch sehr motiviert.

Für das Management ist es wichtig, über diese Prozesse Bescheid zu wissen, um sie behutsam steuern zu können. Es gibt auch nicht nur eine einzige Form der Beteiligung. In der Praxis findet man die Bandbreite von:

- informiert sein,
- um die Meinung gefragt werden,
- mitentscheiden können bis hin zu
- selbständig Entscheidungen treffen.

Teamorientiertes, partizipatives Projektmanagement wird somit häufig mit mehr Mitspracherecht und „Humanisierung der Arbeitswelt" in Verbindung gebracht. Wenn man Mitarbeiter herausfordert, ihre Meinung, ihr Fachwissen in Arbeitsprozesse einzubringen, werden sie erfahrungsgemäß selbständiger und auch selbstbewußter.

Diese Entwicklung wirkt sich aber auch wieder auf die Hierarchie aus. Viele Vorgesetzte bekommen Angst, wenn sie erleben, daß selbstbewußte Mitarbeiter es verstehen, durch diesen „Demokratisierungsprozeß" zeitweise auch Kapital für sich herauszuschlagen. Sie erkennen, daß die neu gewonnene Effizienz auch ihren Preis hat und sie ihr Führungsverhalten grundlegend umstellen müssen.

Das Projektteam

Teams werden heute weitgehend für bestimmte Aufgabenstellungen eingesetzt. Oft wird Teamarbeit mit Projektarbeit in Verbindung gebracht. Viele sprechen auch von Projekten, wenn eine Gruppe von Menschen bestimmte Sonderaufgaben bewältigt.

Der Einsatz von Projektteams im Projektmanagement ist jedoch mehr. Hier geht es gezielt darum, Informations- und Kommunikationswege zu optimieren, Kooperationsmöglichkeiten zu verbessern und unterschiedliche Kompetenzen in einer partnerschaftlichen Atmosphäre direkt aufeinanderprallen zu lassen.

Es muß jedoch jedem klar sein, daß Teams nicht eingesetzt werden können wie technische Einrichtungen, die auf Knopfdruck funktionieren. Vielmehr finden in Teams Entwicklungsprozesse statt, die die Arbeit fördern, sie aber auch behindern können. Es ist eine wichtige Aufgabe der Verantwortlichen im Projektmanagement, diese Prozesse zu erkennen und im positiven Sinne zu lenken. Dazu werden häufig interne oder externe Berater hinzugezogen, denn wenn es in Sachproblemen nicht weitergeht, liegt die Ursache meist nicht in der Sache selbst, sondern vielmehr im emotionalen Bereich des Teams. Es werden zum Beispiel Informationen zurückgehalten oder Entwicklungen blockiert. In diesem Zusammenhang ist es wichtig, nicht die Informationen auf Umwegen zu beschaffen, sondern herauszufinden, warum die Informationen nicht preisgegeben wurden.

Die Leistungsfähigkeit eines Projektteams hängt sehr stark vom Klima innerhalb der Gruppe ab. Deshalb ist eine konstruktive Streitkultur eine wichtige Voraussetzung für den Erfolg des Projektteams.

Was ist aber nun beim Zusammenstellen und Einsetzen von Teams zu berücksichtigen?

Bei der Zusammensetzung von Projektteams wird meistens auf folgendes geachtet:

► Berücksichtigung der unterschiedlichen Fachkompetenzen,

► Zusammenhang zwischen Hierarchieebene der Teammitglieder und „politischer" Bedeutung des Projektes,

► Zeit- beziehungsweise Kapazitätsaspekte.

Andere wichtige Aspekte, die gerade in der Startphase enorme Auswirkungen auf die Arbeitsfähigkeit des Teams haben, werden häufig nicht beachtet, beispielsweise

► Persönlichkeit der Teammitglieder,

► große Hierarchieunterschiede,

► „offene Rechnungen", also alte Konflikte aus der Linie,

► ungeklärte Freistellung,

► Vertretung der Linienpolitik,

► Resignation bei „zwangsverpflichteten" Teammitgliedern.

Es wäre von einem Team zuviel verlangt, diese heißen Eisen in der Startphase selbständig anzugehen. Die Regel ist eher, daß man die Schwierigkeiten verdrängt, bei späteren Kontroversen darauf zurückkommt und sich dann im Dschungel von Sach- und Beziehungsproblemen verirrt.

Deswegen ist es insbesondere in den ersten Arbeitssitzungen von großer Bedeutung, den Prozeß der Selbstfindung des Teams zuzulassen, und so eine Vertrauensbasis zu schaffen. In dieser Phase können Berater wertvolle Hilfen leisten, weil sie Dinge thematisieren, die die Arbeit sehr behindern können, wenn sie totgeschwiegen werden.

Mit den folgenden Ausführungen wollen wir das Projektteam als Bestandteil der Organisation beleuchten.

Das Projektteam und die Organisation

Projektteams sind in der Regel keine geliebten Kinder der Organisation, weil sie die „heile Welt" der Linie häufig kräftig in Unordnung bringen. Von dieser Tatsache muß man in den meisten Fällen ausgehen. Was sind aber nun die Ursachen, die diese Unordnung herbeiführen?

Wir kennen alle den Kampf um Ressourcen. Welcher Vorgesetzte kennt nicht die ihm gestellte Frage: Welche Aufgabe ist jetzt vorrangig zu bewältigen (Projektaufgabe oder Liniengeschäft)? Jedermann weiß, daß mit der Produktion von Gütern oder mit Dienstleistungen erst einmal das Geld für das Unternehmen verdient wird. Projekte sind aber Aufgaben, die eher langfristig das Überleben des Unternehmens sichern. Die Mitglieder im Projektteam müssen mit genau dieser Doppelbelastung leben. Für viele bringt diese Mehrfachzugehörigkeit ein Loyalitätsproblem mit sich. Wo findet man sich mehr beheimatet, in der Fachabteilung oder im Projekt?

Die Bindung zum Projekt ist emotional meist größer als zur Fachabteilung, weil:

▶ die Form der partnerschaftlichen Zusammenarbeit als positiv empfunden wird,

▶ zielorientiert gearbeitet werden kann mit vielen Freiräumen und Gestaltungsmöglichkeiten,

▶ man das Gefühl hat, beteiligt und informiert zu sein,

▶ im Team ein Zusammengehörigkeitsgefühl existiert.

Probleme ergeben sich auch daraus, daß Ergebnisse des Projektteams in der Linie realisiert werden müssen und allzuoft die bestehende Organisation in ihren Fundamenten erschüttert. Ganz gleich, ob es sich um Organisations- oder Technikprojekte handelt, die Auswirkungen auf die bestehende Linienorganisation werden oft dem Projektteam „angelastet". Mit diesem Konflikt muß sowohl die Linienorganisation als auch das Projektteam umgehen können. Für das Projektteam ist es wichtig, diese Mechanismen zu verstehen und sie zu berücksichtigen. Viele gute Projektarbeiten scheitern bei der Verwirklichung in der Linie, weil die Politik und die Macht der Linie unterschätzt wird. Es ist viel einfacher, Projektteams für Aufgaben zu begeistern, als Ergebnisse von Projektteams in der Linie zu realisieren. Deshalb muß die Projektorganisation insgesamt die Strategie so anlegen, daß auch die Realisierung in der Linie sichergestellt ist.

Das allerdings ist häufig leichter gesagt als getan. Mit Macht allein läßt sich das Problem nicht lösen. Diese bittere Erfahrung haben schon viele Manager machen müssen. Sie haben Entscheidungen getroffen, ohne die Sensibilität der Organisation zu berücksichtigen. Auch das Projektteam hat es nicht geschafft, diese Entscheidungen operational in Zusammenarbeit mit der Linie durchzusetzen. Hierbei ist besonders wichtig, daß dem Projektteam die Politik in der Linie bekannt ist und daß es in der Lage ist, die Realisierungsmöglichkeiten einzuschätzen. Ist dies der Fall, so werden eventuelle Widerstände und Störungen genügend Berücksichtigung in der Planung finden. Dabei kommt der phasenbezogenen Vorgehensweise und rechtzeitigen Beteiligung der Betroffenen besondere Bedeutung zu. Sie ermöglicht Einflußnahme und ein weitestgehend prozeßorientiertes Vorgehen. An dieser Stelle wird uns immer mehr bewußt, daß das Team zwar ein wichtiges Element im Projektmanagement ist, aber ohne Einbindung in die Linienorganisation der Erfolg der Projektarbeit oft in Frage steht. Bei vielen Projekten ist es unerläßlich, daß Verantwortliche und Berater neben PM-Methoden und PM-Organisationsinstrumenten auch die Gesetzmäßigkeiten von Veränderungsprozessen, also der Organisationsentwicklung, kennen.

Das Team als Motivationsansatz

Hierarchien sind meist wenig geeignet, Mitarbeiter zu motivieren. In der Linie werden Mitarbeiter unterhalb einer bestimmten Hierarchieebene weder an Entscheidungen beteiligt, noch in die Prozesse der Entstehung eingebunden. Die Regel ist eher, daß sie mit Tatsachen konfrontiert werden und Aufgaben erledigen müssen, ohne deren Sinn wirklich zu begreifen. Die Plausibilität, der Hintergrund für das Handeln, fehlt denen, die die Durchführung bewältigen müssen. Es wird dann meistens versucht, über monetäre Anreize zu motivieren, sei es über Geld oder Karriere. Die Erfahrung hat aber gezeigt, daß die Motivation schnell verpufft, wenn der einzelne sein Ziel erreicht hat.

Die Entwicklung der letzten Jahre hat dazu einen weiteren Beitrag geleistet. Die Aufgabenteilung hat die einzelnen zu Spezialisten gemacht, die kaum noch das Zusammenspiel des gesamten Systems durchschauen und das Gefühl haben, eine Nummer im Gefüge zu sein. In diesem System kann der einzelne problemlos untertauchen. Früher konnten Werkmeister und seine Mitarbeiter ihr Produkt – ihre Leistung – vorzeigen und es besser in den gesamten Unternehmensablauf einordnen. Der Weg von der Einzeltätigkeit bis zum Produkt war übersichtlicher. Die Identifikation mit dem Produkt und dem Unternehmen war somit größer. Durch die Ausprägung und Verfeinerung des Taylorismus wurden unsere Tätigkeiten immer mehr entindividualisiert und in komplexe Systeme und Abläufe eingebaut. Der Bezug zum Gesamtprodukt ging verloren. Die Hierarchie reagierte darauf häufig mit der Forderung, es muß nur ein gutes Betriebsklima geschaffen werden, dann wird die notwendige Motivation schon freigesetzt. Eine Binsenweisheit, doch an ihrer Verwirklichung scheiden sich die Geister. Man weiß zwar, daß ein gewisses Maß an Vertrauen und Offenheit, Umgang mit Kritik und Bewältigung von Konflikten dazugehört. Doch genau diese Eigenschaften sind häufig Gegensätze zur gewohnten Kultur in der Linie. Unzufriedenheit und Demotivation sind die Folge. Viele Ressourcen schlummern und können vom Unternehmen nicht genutzt werden. Junge, engagierte Mitarbeiter klagen oft diese Eigenschaften einer Kultur ein, mit der Begründung, zufriedener und damit erfolgreicher zu werden. Da aber die Linienorganisation Sicherheit bietet, ist man eher bemüht, Initiativen mit unsicherem Ausgang zu vermeiden. Das Belohnungssystem ist sowieso eher darauf ausgerichtet, daß man brav und unauffällig seine Aufgaben erledigt und nicht Dinge in Frage stellt oder sich gar Anweisungen widersetzt, um eigenen Meinungen mehr Nachdruck zu geben. Aufgaben stehen fest und werden angewiesen. Es ist eher unüblich, daß man selbst noch etwas hinzufügt. Motivation findet generell aber nur dort statt, wo es wenigstens ein Minimum an Herausforderung und Spannung gibt, somit auch ein gewisses Maß an Unsicherheit von der Sache und der Durchführungsmöglichkeit her besteht.

Von der Linienorganisation werden solche Rahmenbedingungen kaum geschaffen. Erste Ansätze sind heute in vielen Unternehmen durch Qualitätszirkel, bei Werkstattkreisen und Gruppenarbeit in der Produktion zu erkennen. Doch im Bereich der Planung und Verwaltung gibt es kaum Entwicklungen in diese Richtung.

Das Individuum ist bei komplexen Aufgabenstellungen schnell überfordert. Wenn es darum geht, Dinge prozeß- und ablauforientiert in den Griff zu bekommen, sind gut funktionierende Teams im Vorteil. Man hat schon lange erkannt, daß Projektteams, die an der Planung beteiligt waren, wesentlich mehr Motivationspotential für die Durchführung freisetzten als lose zusammenarbeitende Experten. Betrachtet man die Entstehungsgeschichte des Projektergebnisses, so wird dies schnell verständlich. Die Spezialisten im Team haben auch dort die Aufgabe, ihre fachlichen Positionen zu vertreten. Doch der Prozeß der Problembewältigung und die Auseinandersetzung im Team schaffen Verständnis und Überblick für das Ganze, auch wenn jeder nur seinen Teil dazu beiträgt. Der Beitrag des einzelnen bekommt einen höheren Wert. Er ist plausibel und besser einordenbar, die eigene Leistung erhält mehr Sinn, das Gefühl, eine „Nummer" zu sein, schwindet.

In Projekten wird dem Team eine Aufgabe gestellt, in der Regel sind Ziele vorgegeben. Wie man zum Ergebnis kommt, ist völlig offen. Diese anfängliche Strukturlosigkeit verunsichert und überfordert einige Mitarbeiter, die aus dem sicheren Umfeld der Linie kommen. Für die meisten Mitarbeiter ist aber genau dies eine fruchtbare Herausforderung und motivierender Ansporn zugleich. „Man kann endlich mal zeigen, was in einem steckt, ohne ständig kontrolliert und beobachtet zu werden." Die anfängliche Unsicherheit weicht durch den gemeinsamen Planungs- und Entstehungsprozeß einer hohen Sicherheit hinsichtlich der Durchführungskonsequenz. Das Team weiß, was es will und warum. In der Linienorganisation ist es oft umgekehrt. Wenn etwas durchgeführt werden soll, beginnen alle zu fragen „warum?" und kommen schließlich zu dem Schluß „Das geht so nicht".

Auch dafür gibt es eine Erklärung: Bei Projekten sind alle Teammitglieder an der Entstehung beteiligt. Das Ergebnis ist die Entscheidung aller. Alle wissen, wie dies zustande gekommen ist und finden sich selbst im Ergebnis wieder. Man identifiziert sich mit dem Ergebnis und will es auch gemeinsam durchsetzen. Das Arbeitsergebnis ist letztendlich ein Kind aller. Jeder fühlt sich innerhalb des Teams dem anderen gegenüber verpflichtet. Es entsteht so etwas wie eine „soziale Kontrolle". Dieses Motivationspotential wird in vielen Fällen für die Umsetzung zu wenig genutzt, weil Projekte so angelegt werden, daß das Ergebnis der Projektarbeit mehr eine Expertise ist und die Umsetzung der Planung über die Linie erfolgt.

Viele Projekte, die hoffnungsvoll begannen, scheitern bei der Umsetzung am Widerstand der Linienorganisation, die nicht in die Planung einbezogen wurde und sich nicht mit den Ergebnissen identifiziert. Bei der Auftragserteilung und zeitlichen Planung eines Projektes sollte sich der Auftraggeber deswegen darüber im klaren sein, daß eine Aufsplittung von Planung und Realisierung unter dem Motivationsaspekt nicht sinnvoll ist. Planung und Realisierung in einer Hand bedeuten Nutzung des Motivationspotentials eines Teams für die Umsetzung.

Interaktionen in Projektteams

Bei der Zusammensetzung eines Projektteams handelt es sich ja bekanntlich um eine Gruppe von Menschen mit unterschiedlicher Vergangenheit und unterschiedlicher Herkunft. Jedes Individuum bringt somit die Hypotheken seiner Vergangenheit, aber insbesondere auch die seiner Stammabteilung mit ins Projekt. In der Startphase eines Projektes kann man häufig beobachten, daß einzelne Teammitglieder deutlich taktieren oder auch Widerstand leisten. Manchmal kommt es sogar zu Konflikten unter den Mitgliedern oder mit dem Projektleiter. Dies kann die Projektarbeit extrem hemmen. In der Praxis zeigen sich die Auswirkungen häufig, wie in folgenden Beispielen beschrieben:

Beispiel 1: Neid

Ein Teammitglied nutzt jede Chance, die Vorgehensweise des Projektleiters in Frage zu stellen. Sachliche Vorschläge, Ideen werden abgelehnt; bis zum offenen Konflikt über banale Details, die das Prozedere betreffen, kann der Widerstand sichtbar werden. Nach dem Hinzuziehen eines Beraters stellte sich heraus, daß das besagte Teammitglied Projektleiter werden wollte und dafür auch schon eine Zusage seines Abteilungsleiters hatte. Diese Enttäuschung wurde nicht verarbeitet und von ihm ins Projekt „mitgeschleppt". Es bedarf wohl wenig Phantasie, um sich vorzustellen, wie sich die Nichtbearbeitung dieser Störung auf den weiteren Projektverlauf ausgewirkt hätte.

Beispiel 2: Fraktionszwang

Ein Projektteammitglied macht bei bestimmten Themen dicht und zeigt sich nicht kompromißbereit, für das Projektziel einzutreten. Es versucht ständig, auf Nebenschauplätze auszuweichen oder faule Kompromisse anzustreben. Die Diskussionsprozesse sind sehr zäh und schwerfällig. Der Sinn des Projektes und das Projektziel wird immer wieder in Frage gestellt. Dem Team insgesamt fällt es schwer, beim Thema zu bleiben.

Nachdem man die inhaltliche Ebene verlassen und der Gruppe die Beobachtung mitgeteilt hat, stellt sich heraus, daß diesem Teammitglied „Fraktionszwang" von seiner Stammabteilung auferlegt wurde. In der Stammabteilung wurde vor Projektbeginn schon strategisch vorgedacht, und man benutzt das Teammitglied, um die Interessen der Abteilung zu vertreten und seine „Pfründe zu sichern".

Beispiel 3: Unklarer Auftrag

Ein Teammitglied hält die Vereinbarungen nicht ein. Aufgaben aus Arbeitspaketen werden nicht oder zu spät abgeliefert. Es passiert oft, daß besagte Person zu spät in die Projektsitzungen kommt oder sich wegen Zeitmangel entschuldigen läßt. Nachdem diese Verhaltensweisen thematisiert wurden, stellten sich folgende Ursachen heraus:

Das Teammitglied wurde ohne klare Absprachen bezüglich Kapazität, Zeitrahmen und Bedeutung des Projektes in die Projektgruppe entsandt. Der Hinweis „Machen Sie da mal mit, es könnte auch für uns von Bedeutung sein" schien dem Vorgesetzten als Beauftragung zu genügen. Ziele und Konsequenzen der Beteiligung wurden in der Stammabteilung nicht professionell geklärt.

Sicher sind dies einfache Beispiele, aber sie treten in fast allen Projekten auf. An diesen Fällen wird auch deutlich, daß die Auswirkungen solcher Unterlassungen die Interaktionen in Projektteams bestimmen und in Widerstand oder Konflikte münden. Der Erfolg eines Projekleiters oder Beraters hängt somit auch davon ab, wie es ihm gelingt, solche Widerstände zu verstehen, zu thematisieren und damit umzugehen. Eine gute Voraussetzung dafür ist die Einsicht, daß Widerstand legitim ist und seine Bedeutung hat. Ein weiterer wichtiger Aspekt ist der Zeitpunkt, zu dem man die Betroffenen mit den Problemen konfrontiert. Tut man es zu früh, werden die eigentlichen Motive/Ursachen verleugnet – oder den Betroffenen ist selbst noch nicht klar, daß sie „mauern" und damit die Arbeitsfähigkeit beeinflussen.

Hier sind Projekleiter oder Berater auf ihr Feingefühl in der Wahrnehmung solcher Entwicklungen angewiesen, und es muß ihnen klar sein, wann sie die inhaltliche Ebene verlassen, um diese Dinge anzusprechen. Manchmal sehen sie sich auch mit der Situation konfrontiert, daß die Gruppe selbst auf Schwierigkeiten zu sprechen kommt. Dann darf der für die Moderation Verantwortliche nicht ausweichen, sondern muß die Beobachtungen aufgreifen und die Gruppe in die Lösungsfindung einbeziehen. Wenn man diese Gedanken verfolgt, stellt sich schnell die Frage, warum tut man nicht mehr für die Prävention?

Es gibt durchaus Möglichkeiten, auch wenn man solche Probleme nie ganz von einer Projektgruppe fernhalten kann.

Beispiele für Prävention

Wenn der Linienvorgesetzte mit seinem Mitarbeiter die Spielregeln für die Projektarbeit abklärt und zu Beginn des Projektes alle Betroffenen in der Linie offen informiert, lassen sich so manche Widerstände und Störungen vermeiden.

Es lohnt sich immer, zu Beginn des Projektes etwas mehr Zeit für die Auftragsabklärung aufzuwenden

- zwischen Projektteam und Auftraggeber,
- zwischen Teammitglied und Linie,
- und innerhalb des Projektteams.

Obwohl es für viele eine Selbstverständlichkeit ist, wird es trotzdem oft versäumt, die Gruppe beim Start arbeitsfähig zu machen. Ist man in der Startphase bereit, der Suche nach Balance zwischen der Arbeit an den Themen und den Interaktionen in der Gruppe Raum zu geben, wird manche Unklarheit und somit mancher Widerstand erst gar nicht auftreten.

Was ist nun für den Leiter einer Projektgruppe wichtig?

Zusammenfassend kann man sagen:

► Einerseits hat der Leiter darauf zu achten, daß die Gruppe nie das sachliche Ziel aus den Augen verliert und sich konsequent darauf hinbewegt.

► Andererseits muß er auch dafür sorgen, daß das Klima in der Gruppe zunehmend von gegenseitiger Akzeptanz und Offenheit untereinander geprägt wird.

Der Handlungsbeitrag des Leiters liegt vor allem darin, unterschiedliche fachliche, sachliche Interessen auszugleichen, dafür zu sorgen, daß alle Sachaspekte berücksichtigt werden. Er muß des weiteren unterschiedliche Ausprägungsgrade persönlicher Akzeptanz und persönlichen Profilierungsstrebens der Gruppenmitglieder untereinander ausgleichen und Widerstände/Konflikte, auch verdeckte, frühzeitig erkennen und regulieren.

Damit er dazu in der Lage ist, darf er nicht in „blinden Aktionismus" verfallen, sondern muß sich vielmehr auf seine gefühlsmäßigen Wahrnehmungsqualitäten verlassen und danach handeln.

Der Projektleiter

Der Projektleiter nimmt in der Projektorganisation eine zentrale Rolle ein; bei ihm laufen viele Fäden zusammen. Durch seinen Status, seine Person und seine Professionalität kann er den Projekterfolg oder -mißerfolg entscheidend beeinflussen.

Sein Verständnis der Aufgabe wiederum prägt seine Arbeitsweise und seine Beziehungen zu Teammitgliedern, Fachbereichen und Entscheidungsträgern im Projekt und im Unternehmen.

Der Projektleiter ist einerseits Bestandteil des Teams, andererseits auch „Manager eines Unternehmens", das hier Projekt heißt. Diese globale Anforderungsbeschreibung drückt nur sehr allgemein die notwendigen Eigenschaften und erforderlichen Fähigkeiten eines Projektleiters aus. Differenzierter werden wir dieses Thema bei „Rolle und Anforderungsprofil eines Projektleiters" behandeln.

Geschieht die Auswahl eines Projektleiters auch unter Personal-entwicklungsgesichtspunkten, so müssen sich die Verantwortli-chen klar darüber sein, wo die in Frage kommende Person in ihrer Entwicklung steht und welche Anforderungen an sie gestellt werden. Dabei müssen grundlegende Anlagen, die für einen Projektleiter von Bedeutung sind, in jedem Fall vorhanden sein.

Für die politische Bedeutung eines Projektes sind Herkunft, Status und Ansehen, also eher die „äußeren Faktoren" maßgeblich. Doch diese allein garantieren noch keinen Projekterfolg. Für die Anfor-derungen des „Managens", also des Handelns im Projekt, spielen bei der Auswahl die Persönlichkeit und die vorhandenen Fähig-keiten die entscheidendere Rolle.

Rolle und Anforderungsprofil eines Projektleiters

Ein Projekt erfolgreich zu managen bedeutet, es zu jeder Zeit ganzheitlich zu betrachten. Dabei kann man die notwendigen Fähigkeiten in einem Modell zusammenfassen. Ein Projektleiter benötigt Kompetenzen in folgenden drei Feldern:

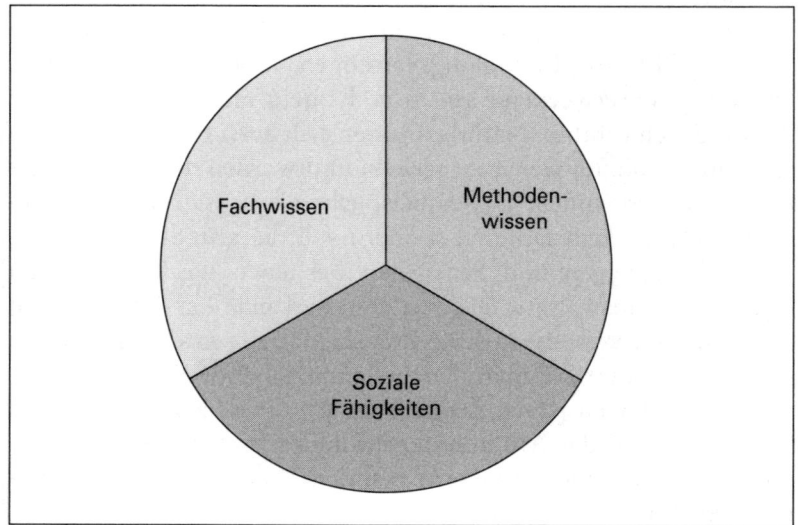

Fachwissen

Die notwendigen fachlichen Fähigkeiten hängen weitestgehend von der Art des Projektes ab. Es kann DV-Kenntnisse, Kenntnisse der Arbeitswirtschaft, der Materialwirtschaft, der Automatisierungstechnik, des Personalwesens usw. erfordern. Darüber hinaus sind sicherlich Kenntnisse über betriebliche Abläufe, Informations- und Kommunikationsnetze/-instrumente von Bedeutung. Nicht zu unterschätzen sind auch Fähigkeiten in Administration und Verwaltung.

Methodenwissen

Hierunter verstehen wir Projektplanungsmethoden, Problemlösungstechniken, Präsentations- und Moderationstechniken, analytische Fähigkeiten sowie Erfahrung bei der Steuerung und Abwicklung von Projekten.

Soziale Fähigkeiten

Soziale Fähigkeiten sind nicht zu verwechseln mit antrainierten Fähigkeiten zum Beispiel Gesprächsführung. Es geht mehr um fundamentale, grundsätzliche Anlagen von Menschen wie Glaubwürdigkeit, Kritikfähigkeit, „menschliche Wärme", emotionale Stabilität, Toleranz, Einfühlungsvermögen, Fähigkeit sich mitzuteilen, vertrauenserweckend sein usw. Es geht also um persönliche Autorität schlechthin. Natürlich lassen sich auch diese Eigenschaften durch Training weiterentwickeln und werden dann als Verhaltensweisen erkennbar. Dieses beispielhaft beschriebene Anforderungsprofil ist kein Dogma, sondern soll die grundsätzliche Problematik aufzeigen und Sensibilität bei jenen wecken, die den Projektleiter auswählen. Des weiteren darf man ein solches Profil nicht statisch verstehen, denn Entscheidungen in diesen Feldern sind durchaus im Rahmen der Projektaufgabe möglich, insbesondere wenn der Projektleiter qualifiziert und gecoacht wird. Dabei ist wichtig, daß das Anforderungsprofil als Instrument bei Personalentwicklungsüberlegungen bekannt ist und von den betroffenen Projektleitern und Vorgesetzten akzeptiert wird.

Beleuchtet man die Anforderungen eines Projektleiters weiter, so stellt man fest, daß er sehr unterschiedlichen Rollen gerecht werden muß. Diese Flexibilität besitzen nicht viele Menschen.

Was sind aber nun so typische Rollen, in denen ein Projektleiter bei der Bewältigung seiner Aufgaben gefordert wird? Die Abbildung auf dieser Seite zeigt beispielhaft die wichtigsten Rollen, die nicht gleichzeitig, aber je nach Situation mehr oder weniger wahrgenommen werden müssen:

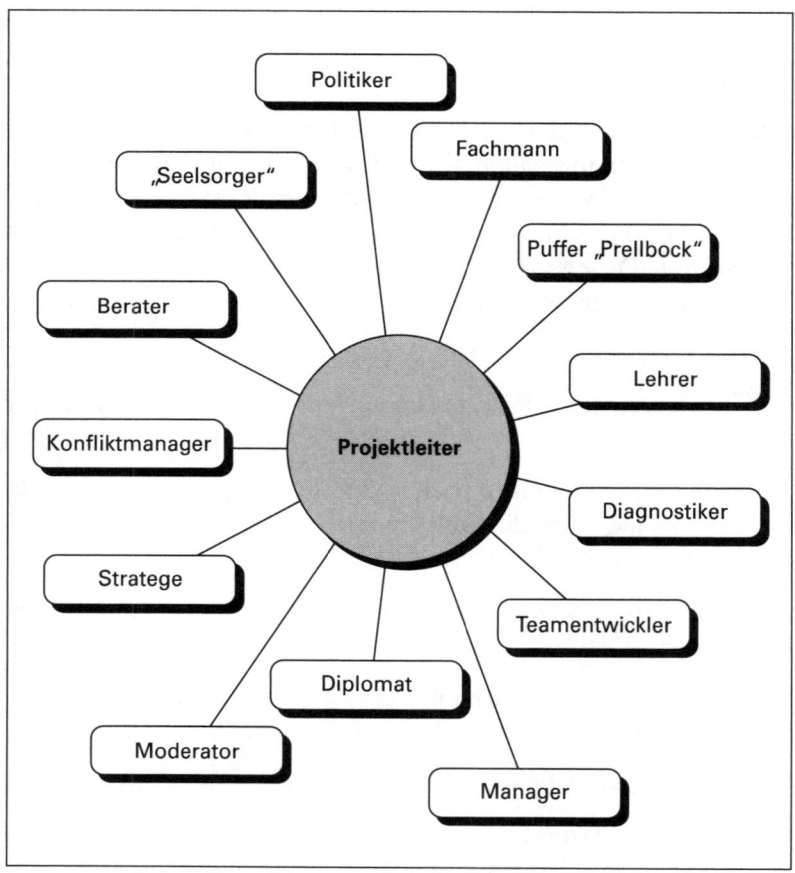

Rollen eines Projektleiters

Dieses Modell soll nicht den Anspruch auf Vollständigkeit haben, sondern vielmehr die bereits erwähnte Rollenflexibilität verdeutlichen. Dabei ist es in vielen, insbesondere in großen Projekten sinnvoll, daß Berater den Projektleiter unterstützen. Dies hat in doppelter Hinsicht Vorteile: Erstens kann man das Expertenwissen nutzen, um einen effizienten, weitestgehend reibungslosen Projektablauf zu erzielen, und zweitens hat ein solches Vorgehen auch immer Qualifikationsaspekte für das gesamte System und wirkt sich positiv auf methodischen Aspekte und die emotionale Stabilität aus.

Moderator

Eine der Hauptaufgaben eines Projektleiters ist es, Teamsitzungen abzuhalten. Um mit einem Team, das aus verschiedenen Abteilungen und Professionen besteht, strukturiert vorgehen zu können, ist es unerläßlich, daß eine Person die Steuerung des Geschehens übernimmt. Dies ist in den meisten Fällen der Projektleiter. Als Moderator hat er unter anderem dafür zu sorgen, daß:

▶ der Zeitrahmen der Sitzung festgelegt ist,

▶ die Zielsetzung der Teamsitzung mit dem Team abgestimmt ist,

▶ die Kommunikation zwischen den Teammitgliedern gut funktioniert, indem er die Einhaltung der verabredeten Kommunikationsregeln überwacht,

▶ verschiedene Standpunkte zur Sprache gebracht und geklärt werden,

▶ für die Arbeit schädliche Beziehungskonflikte zwischen Teammitgliedern angesprochen und geklärt werden,

▶ eine positive Arbeitsatmosphäre entsteht,

▶ mit Hilfe von methodischen Hilfsmitteln wie Problemlösungstechniken und Visualisierungstechniken strukturiert vorgegangen werden kann.

Die Moderation eines Teams erfordert sehr viel Erfahrung und Sensibilität für Gruppenprozesse. Man kann nur jedem Projektleiter empfehlen, sich auf diesem Gebiet entsprechendes Know-how anzueignen.

Gefährlich wird es für den Projektleiter als Moderator, wenn er im Projekt auch sehr starke Eigeninteressen vertritt. In diesem Fall ist die neutrale Rolle des Moderators in Frage gestellt. In solchen Situationen kann es oft hilfreich sein, einen externen Moderator hinzuzuziehen, zum Beispiel einen Mitarbeiter aus dem eigenen Bildungswesen oder einen auf die Moderation spezialisierten Unternehmensberater. Dann kann sich der Projektleiter ganz auf seine Rolle als Fachmann konzentrieren.

Politiker/Diplomat

Ein Projekt ist nie absolut unabhängig vom Rest des Unternehmens. Es können Überschneidungen mit anderen Projekten und mit Linienaufgaben eintreten. Der Projektleiter vertritt die Interessen „seines Projektes". Nehmen wir zum Beispiel das Problem der Ressourcen. Der Projektleiter hat die Aufgabe sich ständig mit den Linienvorgesetzten bezüglich der Mitarbeiter, die er für sein Projekt benötigt, auseinanderzusetzen. Oft haben nämlich Aufgaben der Linienbereiche eine höhere Dringlichkeit. Dies führt dazu, daß Mitarbeiter kurzfristig aus Projekten abgezogen werden. Aufgabe des Projektleiters ist es, dafür zu sorgen, daß er trotzdem die Mitarbeiter bekommt, die er für das Projekt benötigt. In diesem Zusammenhang muß er oft diplomatische Fähigkeiten anwenden. Neben der fachlichen Koordination des Projektes vertritt der Projektleiter auch das Projekt nach außen. Wie ein Politiker muß er darauf achten, daß sein Projekt immer „im richtigen Licht" erscheint.

Manager

Ein Projektleiter ist letztendlich eine Führungskraft auf Zeit und dies sogar noch unter erschwerten Umständen. Er kann nämlich nicht auf eine funktionierende Organisation zurückgreifen. Seine Kompetenzen/Weisungsrechte gegenüber seinen Mitarbeitern (Projektteam) sind oft sehr beschränkt. So muß er zuerst völlig neue Strukturen der Zusammenarbeit mit seinem Team schaffen. Die Anforderungen, die sich an einen solchen Manager stellen, werden allzuoft unterschätzt. Meistens wird entweder der beste Fachmann oder eine Nachwuchskraft als Projektleiter ausgewählt. Oft fehlt es diesen Mitarbeitern nicht an fachlicher Qualifikation, sondern ganz einfach an der Erfahrung, wie ein Team „geführt" werden kann. Es ist für einen erfolgreichen Projektverlauf unabdingbar, daß ein Projektleiter die notwendigen Führungsfähigkeiten mitbringt.

Fachmann

Fachliches Wissen ist auch für einen Projektleiter von Bedeutung, wobei sich hier ein Dilemma auftut. Da Projekte sehr oft Aufgaben verschiedener Fachgebiete zusammenführen, ist es auch für den Projektleiter unmöglich, überall der „Fachmann, der das letzte Wort hat" zu sein. Er muß sich in den meisten Fällen auf das Urteil seiner Teammitglieder verlassen können. Projektleiter, die als beste „Fachleute" ausgewählt wurden, tun sich oft schwer, wenn es darum geht, eine Aufgabe zu leiten, die sie fachlich nicht hundertprozentig überschauen können. Solche Projektleiter müssen einen Umdenkungsprozeß durchmachen, um ein anderes Selbstverständnis von ihrer Projektarbeit zu bekommen.

Fachprojektleiter sind einigen Gefahren ausgesetzt:

▶ Sie vernachlässigen andere wichtige Fachgebiete im Projekt.

▶ Ihre Führungsrolle gerät in Mißkredit, weil Eigeninteressen im Vordergrund stehen.

▶ Bei Spannungen im Team werden sie als zu parteiisch abgelehnt.

Sie müssen deshalb besonders darauf achten, daß sie nicht ihre eigentliche Rolle vergessen, nämlich das Projekt zu „leiten".

Puffer, „Prellbock"

Da ein Projektteam aus Mitarbeitern verschiedener Bereiche besteht, ist es immer nur eine Frage der Zeit, bis im Team Meinungsverschiedenheiten entstehen. Der Projektleiter muß dann derjenige sein, der auch „Ausreißern" Paroli bietet. Ähnlich verhält es sich bei Meinungsverschiedenheiten zwischen Projekt und Führungskräften aus der Linie. Interessen zu vertreten bedeutet auch, zu konfrontieren, wegzustecken und auszugleichen. Der Projektleiter ist auf eine bestimmte Art der „Fels in der Brandung" im Interessenkonflikt zwischen Projekt und Linie.

Stratege

Projektleiter müssen immer das Gesamtziel vor Augen haben. Sonst kann es passieren, daß die zu starke Einbindung in das Tagesgeschehen dazu führt, daß der Blick für „das Ganze" verloren geht. In diesem Zusammenhang hat der Projektleiter die Verantwortung darauf zu achten, daß eine klare Zielformulierung in Form eines Projektauftrags im Sinne der Unternehmensziele existiert. Er muß auch bei der Auftragsgestaltung die Weitsicht haben zu erkennen, ob diese Ziele überhaupt realistisch und für das Unternehmen sinnvoll sind. Während des Projektverlaufs darf er das Gesamtziel nie aus den Augen verlieren. Hier muß der Projektleiter immer wieder das Projektteam mit den Projektzielen konfrontieren und einen Abgleich vornehmen. Oft ist es nämlich so, daß Projekte „U-Boot fahren" Sie tauchen am Anfang des Projektes unter und erst gegen Ende wieder auf. Dann jedoch meistens an der falschen Stelle.

Strategisch denken heißt in diesem Zusammenhang auch immer wieder zu beachten, was für Entwicklungen sich im Unternehmen ergeben, und diese in seine Überlegungen und die Aktivitäten des Projektes einzubeziehen. Besonders in größeren Unternehmen besteht die Gefahr, daß mehrere Projekte in gleiche oder gegensätzliche Richtungen laufen. Hier muß der Projektleiter Abhängigkeiten und Vernetzungen erkennen, um gegebenenfalls rechtzeitig Synergien auszunutzen und Doppelarbeiten zu vermeiden.

Konfliktmanager

Projekte ohne Konflikte gibt es nicht! Gerade in Projekten ist das Konfliktpotential überproportional hoch. Die Tatsache, daß Mitarbeiter aus verschiedenen Abteilungen an einem Tisch sitzen, führt dazu, daß

► unterschiedliche Bereichsinteressen aufeinanderstoßen,

► die Führungsposition des Projektleiters nicht akzeptiert wird,

► Ressourcen und Kapazitätsprobleme entstehen,

► persönliche Zwistigkeiten zwischen Projektteammitgliedern die Projektarbeit hemmen.

Hier ist sehr stark die soziale Kompetenz des Projektleiters gefordert. Er muß dafür sorgen, daß das Projektteam arbeitsfähig bleibt. Dies erfordert die Fähigkeit, mit Konflikten umzugehen, sie zu thematisieren und entsprechende Auswege zu entwickeln. Voraussetzung hierfür sind neben einer charakterlichen Grundstabilität ein Basiswissen über Kommunikationsstrukturen und Verhaltensmuster.

Teamentwickler

„Aus einem Haufen von Einzelkämpfern ein Team zu machen", darin sehen viele erfolgreiche Projektleiter ihre Hauptaufgabe. Tatsache ist, daß zu Beginn eines Projektes jedes Teammitglied sich zunächst als Repräsentant seines Bereichs sieht und sich auch dementsprechend verhält. Wenn sich aber jeder nur um seine Belange kümmert und keinerlei Interesse an anderen (fachübergreifenden) Aufgaben entwickelt, ist die Gefahr sehr groß, daß niemals ein Teamgedanke entsteht. Der Projektleiter hat in diesem Fall eine wichtige Funktion als Teamentwickler. Er muß in der Lage sein, aus Einzelkämpfern eine Kultur gegenseitiger Akzeptanz und kollegialer Unterstützung zu schaffen.

Diagnostiker

Während der Projektabwicklung sind Unregelmäßigkeiten und Soll/Ist-Abweichungen an der Tagesordnung. Ständig müssen Lösungen erarbeitet werden. Hier ist das Erkennen der Ursachen und das Ableiten von entsprechenden Maßnahmen ein wichtiger Bestandteil der Arbeit. Der Projektleiter sollte die Fähigkeit besitzen, Unregelmäßigkeiten zu erkennen, Ursachen zu analysieren und Gegenmaßnahmen zu konzipieren. Hier muß der Projekleiter immer ein wachsames Auge auf die Randbedingungen werfen. Ähnlich wie ein Arzt, muß er in der Lage sein, Symptome zu erkennen, um frühzeitig anhand seiner Diagnose etwas unternehmen zu können.

Das Anwenden von Diagnoseinstrumenten bei der Analyse von Problemen im Team. Oft sind negative Symptome klar erkennbar. Es ist jedoch sehr schwer, die Ursachen dieser Symptome zu erkennen und zu gewichten. Hier hat der Projektleiter die Aufgabe, gemeinsam mit dem Projektteam Verfahren anzuwenden, die den Beteiligten helfen, strukturiert ein Problem zu analysieren und dementsprechend eine treffende Diagnose zu stellen. Als Beispiel hierfür sei die Problemanalyse aus Kapitel 3 erwähnt.

Berater

Bedingt durch die Komplexität der Projektaufgabe, sieht sich der Projektleiter mit einem neuen Führungsverständnis konfrontiert. Noch vor einigen Jahren galt es als Pflicht jedes Projektleiters, „alle Zügel des Projektes in der Hand zu halten". Diese Einstellung führte dazu, daß der Projektleiter der „Kontrolleur" des Projektes war. Das Verhältnis zum Projektteam war immer von einem „gesunden Mißtrauen" des Projektleiters überschattet. Das Motto „Vertrauen ist gut, Kontrolle ist besser" war kennzeichnend für den Führungsstil. Leider ist gerade bei großen Projekten diese Kontrollfunktion gar nicht zu leisten. Wie soll ein Projektleiter 10 000 Aktivitäten kontrollieren? Die einzige Möglichkeit, unter diesen Umständen effizient zu sein, besteht darin, der Arbeit des Projektleiters ein anderes Selbstverständnis zugrunde zu legen. Der

Projektleiter ist nicht mehr der Mittelpunkt, bei dem alle Fäden zusammenlaufen, sondern derjenige, der dafür zu sorgen hat, daß das Projektteam arbeitsfähig bleibt. In diesem Zusammenhang hat der Projektleiter weniger eine Kontrollfunktion als vielmehr eine Beraterfunktion. Die Beraterfunktion kann sich auf fachliche und methodische Beratung beschränken. In vielen Fällen kann aber auch Coaching im Sinne von Beratung im Vorgehen und zur effektiven Nutzung von Kapazitäten und Ressourcen eine Rolle spielen. Die Spannbreite der Beraterfunktion hängt auch von der Persönlichkeit der Teammitglieder ab.

Lehrer

Wenn ein Projekt startet, bringt jedes Teammitglied ganz unterschiedliche Eingangsvoraussetzungen mit. Der Projektleiter muß diese Unterschiede erkennen und dafür sorgen, daß sie abgebaut werden, unter Umständen auch in Form einer Schulung. Gerade bei Defiziten bezüglich der Instrumente des Projektmanagements sollte der Projektleiter erst einmal bei seinem Team ein Basiswissen schaffen. Beim Vermitteln von Wissen sind pädagogische Fähigkeiten von großem Nutzen.

Seelsorger

An jedem Projekt sind Menschen beteiligt. Dies führt dazu, daß irgendwann „zwischenmenschliche Probleme" eine wichtige Rolle spielen – ob es nun eine Spannung zwischen zwei Teammitgliedern oder die Arbeitsverweigerung eines anderen Teammitglieds ist. Der Projektleiter sieht sich mit diesen Themen konfrontiert. Es wäre sehr gefährlich, einfach die Augen davor zu verschließen und sich nur auf die „Sache" zu konzentrieren. Der Projektleiter muß sich die Sorgen und Nöte anhören und „seine Mitarbeiter" moralisch aufrichten. Für die „Arbeitsmoral" und somit die Arbeitsfähigkeit seines Teams trägt er die Verantwortung.

Diese Beschreibungen sollen nur beispielhaft aufzeigen, welchen Anforderungen ein Projektleiter in den unterschiedlichen Situationen gerecht werden muß, und somit Anregungen und Orientierung für die Auswahl und Qualifikation geben. Die Art und Größe des Projektes wird die Schwerpunkte der Anforderungen genauso beeinflussen, wie die Vorerfahrungen und somit die Kultur im Unternehmen.

Der Projektleiter als Bestandteil des Teams

Der Projektleiter ist einerseits Unternehmer und hat die Interessen seines Auftraggebers zu vertreten. Andererseits ist er, insbesondere beim teamorientierten PM-Ansatz, auch Bestandteil des Teams. Er soll die Gruppe führen, die Potentiale nutzen, ohne dabei zu dominant oder gar autoritär zu werden.

Sein Auftrag geht weit über das Fachliche und Methodische hinaus. Er trägt auch die Verantwortung für das Klima und somit die Arbeitsfähigkeit des Teams. Diese Rolle im Team muß jeder PL für sich definieren und durch entsprechende Verhaltensweisen leben. Die Gefahr disfunktionaler Verhaltensweisen aus anderen Rollenverständnissen heraus ist besonders groß. Beispiele hierfür sind:

▶ Aufmerksamkeit zu stark auf sich lenken,

▶ Lieblingsinteressen verfolgen, Plädoyers halten,

▶ mit Gruppenmitgliedern wetteifern, wer die besten Ideen hat,

▶ die Gruppe benutzen, um eigenen Frust abzuladen,

▶ den Status „Projektleiter" immer hervorheben.

Ein Projektleiter, der sich als Teil des Teams versteht und teamorientierte, partnerschaftliche Führung praktiziert, legt dagegen Wert auf folgendes Verhalten:

▶ Gruppenprozesse ansprechen,

▶ Normen festlegen, bei Abweichungen Rückmeldung geben,

▶ andere ermutigen, stabilisieren,

- Beiträge und Ideen anderer akzeptieren und loben,
- harmonisieren, verschiedene Standpunkte zu Kompromissen führen,
- rechtzeitig und angemessen informieren,
- Spannungen erkennen und mit Konflikten angemessen umgehen.

Dieses Gleichstellen mit den Teammitgliedern und Führen durch persönliche Autorität ist ein hoher Anspruch an die Person, aber gleichzeitig ein wichtiger Erfolgsgarant für die Teamergebnisse. Projektteams mit solchen Projektleitern haben die notwendige Autonomie und erleben ein Klima, welches die allseits gewünschte Motivation freisetzt.

Personalpolitische Aspekte

Wie schon an anderer Stelle erwähnt, wird die Qualität der Projektarbeit durch die im Projekt handelnden Personen bestimmt. Deshalb ist jedes Unternehmen gut beraten, bei der Einführung von PM auch personalpolitische Aspekte zu berücksichtigen wie:

- Personalentwicklung,
- Auswahl der Projektmitarbeiter,
- Qualifizierung,
- Beurteilung,
- Vergütung/Anreize.

Hier ist das zuständige Personalwesen gefordert, sich rechtzeitig und konstruktiv in den Einführungsprozeß Projektmanagement einzubringen. Die Regelungen aus der Linie erfüllen für PM meistens nicht ihren Zweck, versagen sogar oder sind kontraproduktiv.

Personalauswahl und -entwicklung

Wird Projektarbeit von der Führung und dem Personalbereich als Entwicklungs- und Fördermaßnahme verstanden, so wird man bei der Auswahl der Projektmitarbeiter ganz andere Schwerpunkte setzen, als im umgekehrten Extremfall, bei dem Projektarbeit als Zusatz- oder „Strafarbeit" gesehen wird.

Dies ist sicher das schlechteste Beispiel und kann nie im Sinne einer guten Personalarbeit sein. Mögen diese Ausführungen noch so banal klingen, in der Praxis sind sie leider häufig vorzufinden. Fortschrittliche Personalleiter haben längst erkannt, daß durch Arbeit im Projekt so wichtige Eigenschaften wie ganzheitliches, vernetztes Denken, zielstrebiges, auf Ergebnisse ausgerichtetes Arbeiten, Wahrnehmung von Führung auf Zeit gefordert und somit auch gefördert werden. Talente beziehungsweise Nachwuchstalente können sich hier bewähren oder neue Erfahrungen sammeln.

Ein weiterer Vorteil besteht darin, daß Projektarbeit immer eine Arbeit auf Zeit ist und somit nicht wie in der Linie Fehlbesetzungen nur noch schwer zu korrigieren sind.

In Unternehmen mit einer fortschrittlichen Personalarbeit stimmen sich Personalwesen und die verantwortlichen Führungskräfte der Linie bei der Auswahl und Besetzung von Projektleitern und Teammitgliedern ab. Die Kriterien für solche Besetzungen sind bekannt und werden als fördernde Elemente verstanden.

Dem Betroffenen ist klar, daß er eine Arbeit auf Zeit übernimmt, und bei Vollzeitprojekten ist die Anschlußaufgabe vor Projektende geklärt. Im günstigsten Fall gibt es in Unternehmen neben Linienlaufbahnmodellen auch Projektlaufbahnmodelle.

Bei Besetzungsentscheidungen haben erfolgreiche Projektmitarbeiter Priorität oder mindestens gleiche Chancen wie erfolgreiche Linienmitarbeiter.

Von diesen fast Idealbedingungen sind die meisten Unternehmen aber noch weit entfernt und verschenken durch die schlechten Rahmenbedingungen viel Potential.

Qualifikation

Für die meisten Mitarbeiter ergeben sich im Projekt neue ungewohnte Anforderungen, und zwar nicht, wie man vermuten könnte, im Hinblick auf das Fachwissen; das braucht der Mitarbeiter auch in der Linie. Die Defizite liegen meist im methodischen und sozialen, gruppendynamischen Bereich. Von großem Vorteil ist es, wenn Projektmitarbeiter in der Linie bereits Nachwuchsförder- oder Führungskräfteentwicklungsprogramme durchlaufen haben.

Da die Projekte und somit die Anforderungen sehr unterschiedlich sein können, empfiehlt es sich, eine ausführliche methodische Qualifizierung „on the job", das heißt, in Verbindung mit einem Projekt anzulegen. Dies hat mehrere Vorteile: Gelerntes kann sofort am Modell erprobt und bei entsprechender Begleitung ständig vertieft und gefestigt werden. Die Lernmotivation ist bei der Möglichkeit und Notwendigkeit der direkten Umsetzung sicher größer als bei der Qualifizierung „auf Vorrat" mit Hilfe von Fallbeispielen.

Schwerpunkte der zu vermittelnden Fähigkeiten sind:

▶ Projektaufbauorganisation,
▶ Projektablauforganisation,
▶ Methoden:
  - Moderationstechniken,
  - Problemlösungs- und Entscheidungsfindung,
  - Kreativitätsmethoden,
  - Systemische Projektplanung,
  - Projektplanung und Steuerung,
▶ Team- und Gruppenarbeit,
▶ Organisationsentwicklung.

Schwerpunkt und die Tiefe der Weiterbildung sollten sich an der Aufgabenstellung und den ausgewählten Personen orientieren.

Für Linienmitarbeiter sollten entsprechende Querschnittsqualifikationen zum PM angeboten werden. Projekte können ja bekanntlich nicht im direkten Projektumfeld, sondern in der Regel nur im

Umfeld der Linie umgesetzt werden. Durch Qualifikation, durch eine offene, rechtzeitige Informationspolitik und durch die gemeinsame Arbeit in Projekten entwickelt sich das ganze „System" und eignet sich die Fähigkeit an, mit neuen Anforderungen gezielter und schneller und somit effektiver umzugehen.

Die Projektunterstützung erfolgt durch die Personal-, Organisations- und Bildungsabteilung:

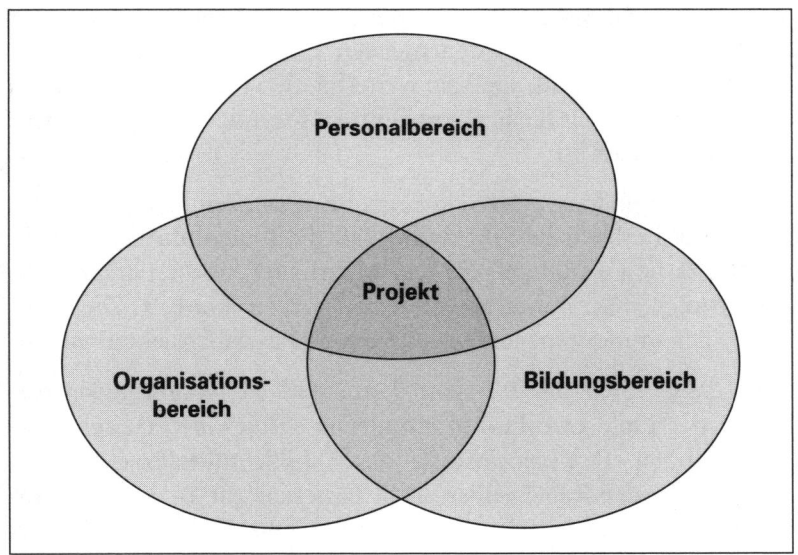

Projektarbeit ist wenig erfolgreich, wenn zwar Organisationsrichtlinien/Handbücher für Projektabwicklung geschrieben werden, die Projektbeteiligten aber nicht das notwendige Wissen haben, um die Projektarbeit zu bewältigen. Es ist wenig sinnvoll, Bildungsmaßnahmen für Projektarbeit anzubieten, wenn die Rahmenbedingungen wie zum Beispiel Freistellung und Vergütung für Projektarbeit nicht geklärt sind.

Für eine effektive Projektarbeit ist es unerläßlich, daß Personal-, Organisations- und Bildungsbereich zusammenarbeiten.

Vergütung/Anreize

Fast alle mittlere und größere Unternehmen verfügen über Instrumente zur Leistungsbeurteilung. Auch im Projektmanagement stellt sich die Frage:

- Wie beurteile ich die Leistung möglichst objektiv, und
- wer kann dies tun?

Dabei wird schnell eine weitere Schnittstelle beziehungsweise ein weiteres Konfliktpotential zwischen Linie und Projekt sichtbar: Da die Projektmitarbeiter in den meisten Fällen nicht völlig für das Projekt abgestellt sind, sondern weiterhin den Führungskräften aus der Linie unterstellt bleiben, entsteht ein Klärungsbedarf, der nicht zu unterschätzen ist.

Es ist also zu klären, „wer" die Leistung beurteilen kann, darf oder muß. Das Problem besteht darin, daß die Linienführungskraft in der Regel die Leistungen, die sein Mitarbeiter für die Linienaufgaben erbracht hat, höher bewertet als die Projektarbeit. Dies liegt daran, daß er meistens nicht genug Einblick in die Projektarbeit hat.

Beim „Wie" liegt das Problem darin, daß die Vergütungsinstrumente der Linie eine Honorierung von zeitlich begrenzten Sonderleistungen (Doppelbelastung durch Linie und Projekt) nicht zulassen. In der Regel fehlen auch Kriterien zur Bewertung von Projektleiter- und Projektmitarbeiteraufgaben. Es besteht also die Notwendigkeit, für besondere Leistungen im Projekt auch einmalige Vergütungs- und Anerkennungsmöglichkeiten zu schaffen, die über den gewohnten Rahmen hinausgehen (zum Beispiel Incentives, Prämien, Sonderurlaub).

Ferner ist zu regeln, daß Projektmitarbeiter vom Projektleiter und Projektleiter vom Entscheider für ihre Projektaufgabe beurteilt werden. An dieser Stelle sträuben sich viele Personalabteilungen, weil bestehende Normen auf den Kopf gestellt werden. Wir können dazu im Grunde nur eines sagen: Projektmanagement verändert das gesamte System, und solcher Handlungsbedarf macht deutlich, welche Veränderungen eingeleitet werden müssen.

6 Praxisprobleme bei der Projektarbeit

Eine Projektabwicklung ohne Probleme gibt es nicht und wird es auch in Zukunft nicht geben. In manchen Veröffentlichungen werden die Probleme zusammengefaßt unter der Überschrift „Kommunikation", in anderen wieder unter dem Titel „Zusammenarbeit zwischen Projekt und Linie". Ebenso könnte man hier Begriffe nennen wie

- Motivation,
- Komplexität,
- Führung und Steuerung von und in Projekten.

In diesem Kapitel gehen wir nochmals zusammenfaßend entlang der Prozeßkette „Projekt" auf Probleme bei Projektarbeit ein. Ziel ist es, Ihnen einen Überblick zu geben, welche typischen Fehler unterlaufen können. Sicher ist auch, daß die hier beschriebenen Probleme nur ein Auszug aus den möglichen Fehlern sind, denn Projektarbeit ist vielfältig. Wir haben versucht, anhand unserer Projekterfahrung in den verschiedensten Projekten die klassischen „Projektsünden" zu sammeln und zu kommentieren.

Vorphase

Die Vorphase läßt sich nicht standardisieren; sie wird meistens unbewußt durchlebt. Es entwickeln sich Dinge, deren Bedeutung von den Beteiligten oft nicht mit dem Projekt in Zusammenhang gebracht werden. Deswegen fehlt häufig das notwendige Problembewußtsein für ein entsprechend professionelles Handeln. Die notwendigen Vorbereitungen bis zum „Kick-off", also dem offiziellen Projektstart, werden in ihrer Bedeutung meistens unterschätzt. Im einzelnen werden in dieser Phase häufig folgende „Unterlassungssünden" begangen:

▶ Anlaß und Problemstellung sind nicht klar, oder bei den Beteiligten besteht kein Konsens darüber.

▶ Es ist nicht eindeutig auszumachen, wer der eigentliche Auftraggeber ist.

▶ Die Zielsetzung ist unbekannt oder unrealistisch.

▶ Es gibt nur Visionen des Auftraggebers, aber keine Ziele.

▶ Über Risiken und Tabus wird offiziell nicht gesprochen.

▶ Die Erfolgskriterien sind unklar, man weiß nicht, mit welchen „Maßstäben" am Ende gemessen wird.

▶ Die Zeitperspektiven sind unrealistisch, werden aber nicht in Frage gestellt.

▶ Auf dem Projekt lasten bereits Hypotheken, die in der Planung nicht berücksichtigt werden.

▶ Die bereits bestehende Projektlandschaft mit ihren Abhängigkeiten und Vernetzungen wird nicht oder zu wenig beachtet.

▶ Man bedenkt nicht, daß Projekte in eine bestehende Unternehmenskultur hineinwirken oder, umgekehrt, abhängig von ihrer Unterstützung sind.

▶ Es wird zuwenig überlegt, welche Kompetenzen/Profile/Fähigkeiten die Projektbeteiligten benötigen, um den gewünschten Projekterfolg zu erzielen.

▶ Die Frage nach den notwendigen Ressourcen wird viel zu spät gestellt oder ganz unterdrückt.

Das alles führt zusammen zum Kardinalfehler: „Man schlampt sich ins Projekt hinein!" Dabei sollte man bedenken: „Die Sünden der Kindheit holen einen im Alter wieder ein."

Kontraktgestaltung

Wie anfangs beschrieben, regelt der Projektauftrag im Sinne eines Kontraktes das zu erwartende Ergebnis, die Kompetenzen, den Verantwortungsbereich, den Zeitraum, die notwendigen Ressourcen sowie die vom Projektteam nicht zu verantwortenden Risiken. Hierbei sind nur die wichtigsten Kriterien genannt. Beleuchtet man die Kontraktgestaltung näher, so muß man zumindest zwischen zwei Arten von Projekten unterscheiden: zum einen Anlagen, Bau- und Produktprojekte und zum anderen Organisationsentwicklungsprojekte.

Anlagen, Bau- und Produktprojekte

Bei dieser Art von Projekt lassen sich, etwa über ein Lastenheft, eindeutige Ziele/Vorgaben festlegen, die den Projekterfolg bestimmen.

Der einzuleitende Prozeß läßt sich meist problemlos in Einzelschritte mit klaren Etappenzielen einteilen und auch so abwickeln. Kontraktgestaltungen dieser Art sind auf den ersten Blick scheinbar leichter, doch der Teufel steckt auch hier im Detail. Dabei können folgende Unklarheiten entstehen. Trägt beispielsweise das Projektteam die Verantwortung dafür, daß eine Anlage aufgebaut ist, oder dafür, daß die Linie die geplanten Stückzahlen mit der geforderten Qualität auf der Anlage produzieren kann?

In der Kontraktgestaltungsphase fehlt zuweilen die Einsicht in die Notwendigkeit einer solchen Trennschärfe. Die Konflikte entstehen, wenn die ausführende Linienorganisation die Erwartungen nicht erfüllt oder erfüllen kann. Ein weiterer Knackpunkt ist die Scheu, einen klaren Kontrakt abzuschließen, weil dadurch Änderungen sichtbar werden und mit einer besseren Qualität diskutiert werden können. In diesem Bereich liegt die Kunst darin, früh Vereinbarungen zu treffen.

Ein typisches Beispiel in diesem Kontext sind Produktentwicklungen. Wie berücksichtigt man zum Beispiel gleichzeitig die Interessen des Vertriebs sowie die der Entwicklung und der Produktion? Das Koordinieren der verschiedenen Interessen zum Beginn des Projekts ist kein einfaches Unterfangen. Die hier entstehenden Probleme sind allgemein bekannt. Der Vertrieb möchte zum Beispiel sich nicht festlegen, die Produktion fordert dagegen Klarheit und eindeutige Vorgaben.

Wird der Vertrieb zu bestimmend, können zu hohe Entwicklungs- und Fertigungskosten entstehen. Dominiert die Entwicklung oder Fertigung, so ist die Gefahr groß, daß am Markt vorbeiproduziert wird.

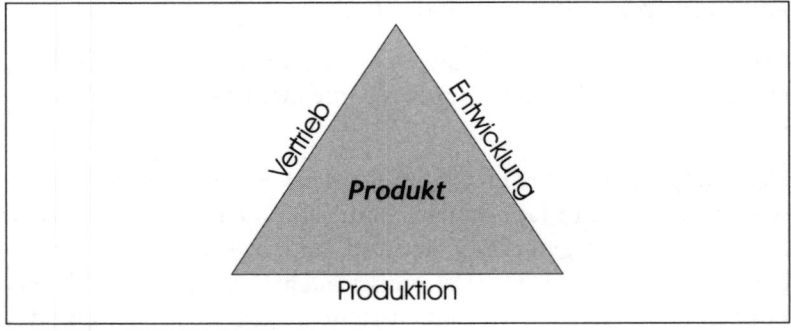

Einfluß auf das entstehende Produkt

Um die Interessen auszugleichen, sollte man schon in der Kontraktphase Vereinbarungen treffen, die eine Optimierung während des Projektverlaufs zulassen. Wer zu diesem Zeitpunkt den Weg des geringsten Widerstands geht, daß heißt die Konflikte nicht austrägt, sondern einseitige Bereichsinteressen vertritt, läuft Gefahr, ein Projekt zu starten, das von Beginn an nicht ganzheitlich angelegt ist. Die daraus entstehenden Probleme zeigen sich meistens erst bei der Realisierung, wenn nicht das gewünschte Produkt zum definierten Termin und im Rahmen der festgelegten Kosten auf den Markt kommt.

Organisationsentwicklungsprojekte

Bei Projekten, die auf das Zusammenwirken von Organisations-
einheiten und auf das Verhalten der Menschen Einfluß nehmen,
steht am Anfang meist die Diskussion um die Bewertbarkeit des
Ergebnisses/Nutzens im Vordergrund. Die notwendigen Ressourcen sind kaum oder gar nicht abschätzbar. Sowohl die Auftraggeber wie auch das Projektteam tun sich mit klaren Vereinbarungen
schwer. Bei Projekten dieser Art ist in der Kontraktphase viel
Weitsicht und Sensibilität für das Machbare gefordert. Bewährt hat
sich hier mit angemessenen Diagnoseverfahren, Sicherheit für den
eigentlichen Projektauftrag und somit für die meßbaren Ziele des
Projekts zu bekommen. Organisationsentwicklungsprojekte starten meistens damit, daß in der ersten Phase der Auftrag erteilt
wird, die Ziele des Projekts genau zu definieren.

Viele Verantwortliche machen den Fehler, eine angemessene und
professionelle Zielklärung oft nicht für notwendig zu erachten,
denn sie kostet ja Zeit und Geld. Also fängt man einfach mal an.
Im Kontrakt werden Erwartungen festgeschrieben, von deren
Erreichung die wenigsten überzeugt sind, oder es gibt nur vage
mündliche Vereinbarungen nach dem Motto „mach mal".

Zusammenfassend kann man sagen, daß dort, wo der Situation
angemessene saubere Kontrakte abgeschlossen werden, auch gute
Projektarbeit geleistet wird. Dabei bedarf es nicht immer der
Schriftform. Ein Projekt kann durchaus mit mündlichen Absprachen beginnen und in einem schriftlichen Projektauftrag münden.

Zusammensetzung des Projektteams

In einer Zeit knapper werdender Ressourcen ist es meist schwierig,
Projektteams zu besetzen. Die Nutznießer von Projekten können
die erforderlichen Ressourcen, auch aus Gründen der Professionalität, nicht alleine zur Verfügung stellen. Manchmal ist den Betrof-

fenen auch der Nutzen in einem frühen Stadium noch nicht klar und das Projekt wird abgelehnt, weil die ganzheitliche Betrachtung des Unternehmens fehlt. Unter diesen schwierigen Bedingungen muß das Projekt besetzt werden.

Die Linie stellt dann meistens diejenigen Mitarbeiter ab, die am leichtesten zu entbehren sind. Dies trifft insbesondere dann zu, wenn dem Projekt keine hohe Bedeutung zugeordnet wird. Projektleiter von „B-Projekten" müssen sich dann oft mit der schlechten „Qualität" der Teammitarbeiter auseinandersetzen.

Wie schon an anderer Stelle erwähnt, haben die meisten Unternehmen keine Konzepte, um die Projektarbeit für Mitarbeiter attraktiv machen. Es fehlen ganz einfach personalpolitische Regelungen.

Ein anderes Problem ist die notwendige „Teamhygiene". Dieses Problem zeigt sich schon zu Beginn der Projektarbeit. Projekte scheitern meist nicht an fehlender Fach- oder Methodenkompetenz, sondern vielmehr am Verhalten der Beteiligten. Man legt viel zu wenig Wert darauf, ein wirkliches „Team" zu entwickeln. Meist wird dem Druck nachgegeben, gleich mit der Arbeit zu beginnen. Hat die Arbeit aber erst mal begonnen und treten dann Schwierigkeiten auf, werden die Ursachen in der Regel nicht in der fehlenden Zusammenarbeit des Team gesucht. Mit etwas mehr Aufwand für die Teampflege und der notwendigen Zeit für das Innehalten könnten so manche Probleme leichter gelöst werden, oder sie würden erst gar nicht entstehen.

Zusammenfassend kann man zu diesem Problemkreis sagen, es hat sich bewährt, in Projekte kreative, leistungsbereite Mitarbeiter aus den erforderlichen Fachsparten einzubeziehen. Ein gutes personalpolitisches Konzept mit entsprechendem Belohnungssystem hilft, die richtigen Mitarbeiter zu bekommen. Es muß entsprechender Aufwand zur Teamfindung und Teampflege betrieben werden. Zuviel Beteiligung hat noch nie geschadet, eher zu wenig.

„Wenn Du ein Schiff bauen willst
so trommle nicht Männer zusammen,
um Holz zu beschaffen,
Aufgaben zu vergeben
und die Arbeit einzuteilen,
Werkzeuge vorzubereiten,
sondern lehre die Männer
die Sehnsucht
nach dem weiten, endlosen Meer."

Antoine de Saint-Exupéry

Planung von Projekten

Grundsätzlich gilt es einen Kompromiß zu finden zwischen „planen, was planbar ist" und „planen, was geplant werden muß".

Diese Aussagen mögen recht simpel klingen, haben aber in der Projektarbeit große Bedeutung. Oft erleben wir, daß Gruppen sich außerstande fühlen, etwas zu planen, weil ihnen Informationen fehlen und weil sie es nicht gewohnt sind, Annahmen zu treffen und auf dieser Basis eine Planung aufzubauen. Andere Gruppen kommen vor lauter Planen nicht zum Arbeiten. Sie beschäftigen sich mit Planungsarbeit, deren Nutzen zu hinterfragen ist. Von der Vielzahl der angebotenen Methoden ist es sicher nicht leicht, die angemessenen auszuwählen. Hier ist auch ein gutes Stück Erfahrung nützlich, um zwischen „Realität und Unsinn" zu unterscheiden.

In dieser Phase ist ein erfahrener Projektleiter oder professionelle Beratung aus dem Bildungsbereich nützlich. Die Planung der Projektstruktur wird meistens entsprechend der Problemstellung erstellt. Hier liegen in der Regel auch Erfahrungen aus der Linie vor, die durchaus bei Projekten genutzt werden können. Bei der Aufgaben- und Aufwandplanung dagegen tun sich die meisten schwer, weil die Aufgaben neu sind.

Die Planung sollte in der Reihenfolge Inhalte, Termine, Kosten, Ressourcen erfolgen.

Die erste Schwierigkeit kann auftreten, wenn ein Team die Schritte nicht einhält oder miteinander vermischt. Durch die vorliegende Komplexität steht das Team dann meist vor unlösbaren Problemen. Ist es gelungen, die Inhalte zu planen, kommt die nächste große Hürde, nämlich die Terminplanung. Da Projektaufgaben neuartige Aufgaben sind, die zeitlich noch nicht bewertet sind, erscheinen sie beim Einstieg in die Terminplanung für die Beteiligten meistens unlösbar. Die vielen Vernetzungen und Abhängigkeiten der Aufgaben tragen ein weiteres zu diesem Problem bei. Um mehr Klarheit in die Terminplanung zu bekommen, hat sich bewährt, das Projekt in verschiedenen Detaillierungsgraden zu planen.

In einem ersten Schritt sollte ein grober Phasenplan mit Meilensteinen gemacht werden. Erst wenn dieser Überblick geschaffen ist, sollte sich das Team an eine weitere Detaillierung des Projektes heranwagen. Dabei reichen Balkenpläne in der Regel aus. Netzplantechnik als Feinplanungsinstrument sollte nur dann angewandt werden, wenn wirklich die Notwendigkeit besteht. Der Aufwand zur Erstellung und Pflege eines Netzplanes ist sehr groß und der Nutzen hängt von der Sorgfalt der Pflege ab. In dieses „Abenteuer" haben sich schon manche „DV-Gläubige" begeben und waren am Ende vom Nutzen enttäuscht.

Die Kosten- und Ressourcenplanung ist ebenfalls ein Planungsschritt mit besonderen Problemen. Mit der kosten- und aufwandbezogenen Bewertung von Arbeitspaketen kommen die meisten Teams noch zurecht. Was aber in vielen Unternehmen fehlt, sind eindeutige Rahmenvorgaben zur Kostenermittlung. Hier wird von Teams häufig Unlösbares verlangt. Für eine saubere, verläßliche Kostenplanung müssen die entsprechenden Rahmendaten vorliegen, und es muß ein nicht unerheblicher Aufwand für das Projektcontrolling getrieben werden, vor dem sich viele Verantwortliche aus unterschiedlichen Gründen scheuen. Ein professionelles Projektcontrolling würde aber verdeutlichen, was einzelne

Linienbereiche zusätzlich an Leistung erbringen und andere nicht. Diese Transparenz ist von Linienmanagern nicht immer gewünscht. Zusammenfassend kann man zu diesem Problemkreis sagen: „Der Planungsaufwand muß der Aufgabe gerecht werden und dem Projektteam Sicherheit in der Abwicklung geben." Oder „Je feiner man plant, desto härter trifft einen der Zufall."

Projektsteuerung/Koordination

„Ein Projekt ist maßgeblich nur in der Planung beeinflußbar." Es geschieht aber leider immer wieder, daß Projektleiter auf eine Planung verzichten mit dem Argument: „Wir haben keine Zeit zu planen, wir müssen anfangen zu arbeiten." Fehlende oder lückenhafte Planungen sind jedoch der Grund für Probleme bei der Projektsteuerung. Die Planung ist nämlich die Basis für die Steuerung in der Projektabwicklung.

Wie koordiniere ich die Aufgaben des Projekts? Vor dieser Frage steht jeder Projektleiter. Je nachdem, welchen Anspruch der einzelne hat, wird er unterschiedliche Rollen wahrnehmen. Eine große Gefahr liegt darin, alles kontrollieren zu wollen. Manche Projektleiter glauben, alle Informationen und sämtliche Entscheidungen müßten über sie laufen und werden zum Flaschenhals des Projektes. Dies kann zu folgenden Konsequenzen führen:

▶ Das Projektteam fühlt sich entmündigt, da eine Instanz da ist, die alles kontrolliert und überwacht.

▶ Das Projektteam fühlt sich nicht verantwortlich für das Gesamtprojekt und übersieht Schnittstellen. Es handelt nach dem Motto: „Ich mache nur das, was ich vom Projektleiter gesagt bekomme, der hat ja den Überblick."

▶ Der Projektleiter ist überfordert, da er gar nicht das Wissen und die Zeit hat, alles im Detail zu überprüfen und anzuweisen.

Erfahrene Projektleiter wissen um diese Gefahr und versuchen sie zu umgehen, indem sie das Team in die Koordination des Projektes einbinden. Dies funktioniert jedoch nur dann, wenn sich das Team für die Projektarbeit verantwortlich fühlt. Eine der Hauptaufgaben des Projektleiters ist es in diesem Zusammenhang, dafür zu sorgen, das Projektteam in die Planung einzubinden und die Voraussetzungen für eine horizontale Kommunikation zu schaffen. Nur wenn der Projektleiter das Team in diese Richtung motiviert, hat er eine Chance, komplexe Projekte erfolgreich abzuwickeln. Hier gilt der Leitsatz: „Mehr beteiligen heißt nicht, den Überblick zu verlieren."

Information

Der Umgang mit Informationen hat entscheidenden Einfluß auf den Projekterfolg. Es ist jedoch immer wieder festzustellen, daß dieses Thema sträflich von den Projektleitern vernachlässigt wird.

Typische Fehler sind:

▶ Informationen aus Gesprächen zwischen Auftraggeber und Projektleiter werden vom Projektleiter nur gefiltert an das Projektteam weitergegeben.

Wenn beim Projektteam das Gefühl aufkommt, daß der Projektleiter Informationen zurückhält, ist automatisch das Vertrauen gestört. Fehlendes Vertrauen in die Offenheit des Projektleiters wird automatisch zu ähnlichem Verhalten der Teammitglieder führen, wenn es darum geht, Informationen aus den Linienbereichen ins Projekt einzubringen.

▶ Die Linienbereiche werden zu Beginn des Projekts nicht über das Projekt informiert.

Eine ganz wichtige Aufgabe des Projektleiters ist die Information der Linienbereiche über das Projekt. Wird dies versäumt,

ist die Gefahr sehr groß, daß Widerstände aus den Linienbereichen aufkommen.

▶ Die Informationen über den Projektfortschritt fließen nur
spärlich oder gar nicht an die Linienbereiche.

Je weniger Information über ein Projekt zur Verfügung stehen,
desto mehr (Fehl-)Interpretationen sind möglich. Gerade bei
Projekten, bei denen die Mitarbeit und die Akzeptanz der
Linienbereiche eine große Bedeutung hat, ist es unumgänglich,
diese ständig über den Stand der Arbeit zu informieren.

▶ Die Informationen über den Projektfortschritt fließen nur
spärlich oder gar nicht an den Auftraggeber.

Natürlich muß der Auftraggeber nicht alles wissen? Ihn täglich
mit „Kleinkram" zu überschütten ist sicher genauso schlecht,
wie ein halbes Jahr nichts von sich hören zu lassen. Die
Rückmeldung an den Meilensteinen hat sich als sinnvolle
Rückmelde- und Informationsplattform bewährt. Wichtige
Veränderungen im Projekt müssen jedoch auch außerhalb von
Meilensteinen sofort an den Auftraggeber gemeldet werden.

Veränderung der Projektziele/ des Projektauftrags

Bedingt durch die Dynamik der Projektarbeit ist es unumgänglich,
daß sich auch Korrekturen der ursprünglichen Ziele ergeben. Hier
hat der Projektleiter die besondere Verantwortung, diese Veränderungen zu dokumentieren und vom Auftraggeber/Entscheider
absegnen zu lassen.

Budget/Ressourcen

Projektleiter werden oft auch für die Einhaltung der vorgegebenen Ressourcen beziehungsweise des Budgets verantwortlich gemacht. Hier hat der Projektleiter zunächst die Aufgabe zu klären, ob er diese Verantwortung überhaupt übernehmen kann. Um die Verantwortung für die Ressourcen zu übernehmen, muß er sie auch beeinflussen können. Er muß direkten und schnellen Zugriff auf die Daten haben. Er muß die Möglichkeit haben, durch Steuerungsaktivitäten festgestellte Abweichungen wieder ins Lot zu bringen.

Die Realität sieht jedoch oft ganz anders aus. Der Projektleiter bekommt in der Regel erst nach Beendigung des Projektes eine Aufstellung darüber, was das Projekt eigentlich gekostet hat. Er hat nicht einmal die Möglichkeiten, die Ressourcen/Kosten während des Projekts festzustellen, geschweige denn, sie zu beeinflussen.

Projektabschluß/Entlastung von Projektleiter und Team

Wann hat der Projektleiter seine Aufgabe erfüllt? Auch das muß eindeutig definiert werden. Oft vergessen Projektleiter, das Ende ihrer Aufgaben zu vereinbaren. Dies führt dann dazu, daß sich diese Projektleiter selbst Jahre nach „offiziellem Projektende" noch mit den „Nachwehen" des Projektes auseinandersetzen müssen. Eine klare Absprache über das Ausstiegskriterium von Projektleiter und Projektteam ist von entscheidender Bedeutung.

Der Abschluß des Projektes sollte in Form einer Meilensteinsitzung in Anwesenheit des Auftraggebers und aller Projektteammitglieder stattfinden.

Folgende Punkte sollten in dieser Projektabschlußsitzung besprochen und beschlossen werden:

► Übergabe an die Linienorganisation,

► Entlastung des Projektleiters und des Projektteams,

► Übergabe der Dokumentation des Projektes,

► Abschlußbericht über das erreichte Ergebnis und die Kosten.

7 Projekte ohne Projektmanagement

Projekte, in denen das klassische Projektmanagement seine Grenzen erfährt oder sogar versagt, wurden bisher noch wenig beleuchtet. Gerade in letzter Zeit gibt es jedoch immer öfter Projekte dieser Art. Einer der am häufigsten anzutreffenden Gründe ist die Tatsache, daß es sich bei den Projekten um Aufgaben handelt, die nur bedingt Projektcharakter haben. In diese Kategorie fallen unter anderem Organisationsentwicklungsprojekte, bei denen Unternehmen oder Unternehmensteile eine grundsätzliche Wandlung erfahren sollen. Diese werden oft auch als Veränderungsprojekte bezeichnet. Es geht dabei nicht um die technische Realisierung eines bestimmten Produkts; vielmehr müssen andere Ebenen angesprochen werden, nämlich:

– Kultur und Verhalten,
– Prozesse und Abläufe,
– Hard Facts (Kosten, Mitarbeiter, Strukturen ...).

Diese Projekte können in zwei Kategorien eingeteilt werden:

▶ Kulturprojekte, Verhaltens- und Bewußtseinsveränderungsprojekte, zum Beispiel Einführung von TQM, Reduzierung des Krankenstandes;

▶ Reorganisationsprojekte, Strukturveränderungsprojekte, zum Beispiel Einführung von Profit-Centern.

Hierbei handelt es sich vor allem um Aufgaben, die kein eindeutiges Ende haben und sehr stark durch den Faktor Mensch beeinflußt werden. Oft ist zu Beginn des Projektes noch gar nicht ganz klar, in welche Richtung es gehen wird. Solche Veränderungs-

oder Restrukturierungsprozesse sind sehr stark durch eine hohe Komplexität geprägt und erzeugen somit auch viel Unsicherheit.

Die Komplexität kommt vor allem dadurch zustande, daß auf drei Ebenen gleichzeitig gearbeitet werden muß und diese sich im Laufe des Projekts oder Prozesses in ihrer Entwicklung gegenseitig beeinflussen.

Neben den Routinearbeiten und den Projekten gibt es also eine dritte Kategorie von Aufgaben in Unternehmen: Veränderungsprozesse.

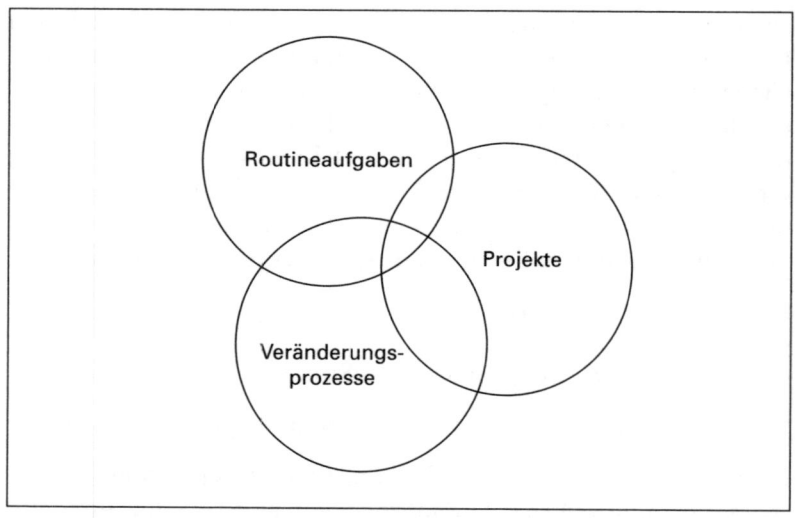

Veränderungsprozesse betreffen Routineaufgaben und Projekte

Es gibt eine Reihe von Projekten, die sowohl nebenbei im „Alltagsgeschäft" mitgemacht als auch als separate Projekte abgewickelt werden könnten (Schnittmenge von Routine und Projekten), zum Beispiel eine jährliche Messe vorbereiten.

Ebenso gibt es Aufgaben gerade bei Veränderungsvorhaben, bei denen sich die Frage stellt, ob diese nun als Projekt, als Prozeß oder als Bestandteil des „Tagesgeschäftes" zu sehen sind (Schnittmenge von Routine und Prozessen und gemeinsame Schnittmenge), zum Beispiel ein Personalentwicklungskonzept erstellen und umsetzen.

Hier soll nun die Frage geklärt werden, wie die Schnittmenge von Projekt und Prozeß gestaltet werden kann, zum Beispiel die Restrukturierung eines Unternehmens.

Für solche und ähnliche Vorhaben ist Projektmanagement nur bedingt anwendbar. Zu Beginn eines solchen Prozesses alle Maßnahmen inhaltlich und zeitlich durchzuplanen ist ebenso töricht wie ganz ohne Planung und Vorbereitung loszulegen. Wie geht man nun solche Aufgaben an?

Hier taucht ein neuer Begriff auf, das sogenannte Prozeßmanagement, manchmal auch als „simultaneous management" bezeichnet. Projektmanagement ist vor allem darauf ausgelegt, zielgerichtet Projekte abzuwickeln. Bestimmte „hard facts" sollen erreicht werden. Prozeßmanagement muß darüber hinaus simultan alle möglichen Ereignisse, Umfeldaspekte und Emotionen der Betroffenen in die Prozesse einfließen lassen und bei der Steuerung berücksichtigen.

Der Unterschied liegt in der Stringenz der Anwendung.

Während das Projektmanagement klare Ziele hat und es vor allem um eine schnelle und effiziente Abwicklung geht, steht beim Prozeßmanagement das Managen eines sich entwickelnden Systems im Vordergrund.

Daher ist es sinnvoll, projekthafte Aufgaben von „prozessualen" Aufgaben zu unterscheiden:

▶ Projekte sind klar abgrenzbare, zielorientierte Aufgaben mit genau zu definierendem Ende.

▶ Veränderungsprozesse sind Vorhaben ohne eindeutiges Ende, die starken, zu Beginn noch nicht absehbaren Einflüssen und Abhängigkeiten aus Kultur, Prozessen und Hard Facts unterliegen.

Projektmanagement versus Prozeßmanagement

Während in Projekten nach einer überschaubaren Findungsphase das Planen und Abwickeln des Projektes im Vordergund steht, ist die „Findungsphase" bei Veränderungsprozessen eigentlich nie zu Ende. Es gibt zwar auch hier eine Steuerung (symbolisiert durch den gestrichelten Pfeil), diese ist jedoch bei weitem nicht so stringent wie bei Projekten. Die kleinen Pfeile sollen verdeutlichen, daß auch bei Prozessen zeitlich begrenzte Projekte abgewickelt werden können.

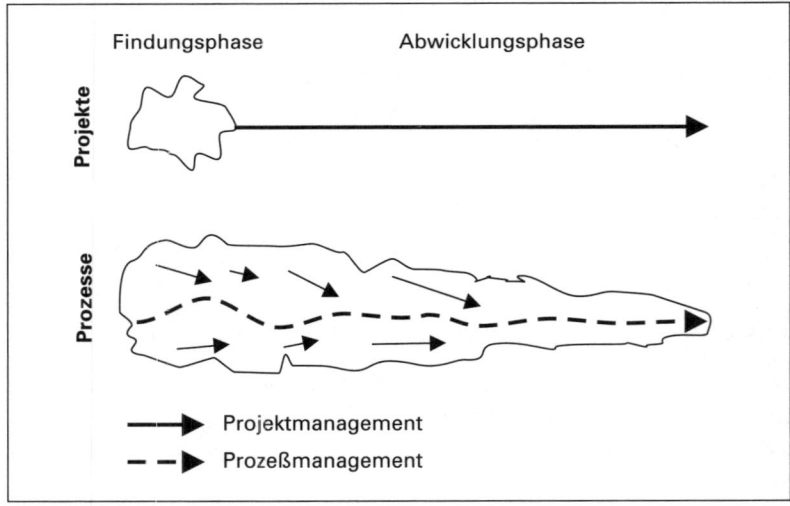

Projektmanagement und Prozeßmanagement

Folgende Gegenüberstellung soll nochmals verdeutlichen, mit welchem Anspruch der Projektleiter an die jeweilige Aufgabe herangehen sollte: Ein Projekt ist eher ein geschlossenes Vorhaben, das mit entsprechenden Methoden zu bearbeiten ist; ein Veränderungsprozeß erfordert eher eine offene, systemische Herangehensweise.

Der Unterschied zwischen Projekten und Prozessen wird am deutlichsten, wenn man überlegt, wie ein Projektleiter an die Aufgabe herangehen sollte und wie er dann das Vorhaben „managt". Die linke Spalte soll eher die Grundeinstellung und das Grundverhalten für klassische Projekte verdeutlichen. Es handelt sich hierbei meistens um in sich geschlossene Vorhaben mit einem klaren Ergebnis am Ende. Die rechte Spalte dagegen stellt eher offene Vorhaben dar.

Verhalten/Einstellung	
Projekte	Prozesse
Geschlossenheit	Offenheit
Planung	Risiko
Sicherheit	Unsicherheit
Steuerung	Selbststeuerung
Kontrolle	Vertrauen
Organisation	Chaos/Experiment
Entscheidungen	wenig Entscheidungen

Die Einstellung zu der übernommenen Aufgabe schlägt sich auch in den Instrumenten nieder: Bei Projekten als Steuerungsgrößen stehen vor allem die Ziele, die Ressourcen und die Zeit im Vordergrund; bei Prozessen sind eher „weiche Faktoren" im Auge zu behalten, wie zum Beispiel Energiepotentiale oder Betroffenheit.

Steuerungsgrößen	
Zeit	Annahmen, Hypothesen
Ressourcen	Energiepotentiale
Qualität	Akzeptanz, Motivation
Ziele	Prozeß, Vision

Daraus ergeben sich auch unterschiedliche Vorgehensweisen und eingesetzte Standards:

Vorgehensweise	
Expertenorientierung Methode als neutrales Instrument Methodenstandards	Betroffenenorientierung Integration von Inhalt und Methode Methodenvielfalt

Ein Beispiel, das viele von uns kennen, soll nochmals den Unterschied zwischen Projektmanagement und Prozeßmanagement verdeutlichen: die Erziehung der eigenen Kinder. Hier kann man Pläne schmieden, was aus dem Kind mal werden und welche Ausbildung es durchlaufen soll. Die Realität sieht jedoch oft ganz anders aus. Zu weit in die Zukunft zu planen ist wenig sinnvoll. Es kommt in der Erziehung vor allem darauf an, wie die Interaktionen mit dem Kind gestaltet werden, das heißt, wie auf seine Bedürfnisse und die Entwicklung des Umfeldes eingegangen wird.

Ähnlich ist es bei Veränderungsprozessen. Es kann zwar viel geplant werden. Die Reaktionen der Mitarbeiter und das Umfeld beeinflussen jedoch das weitere Vorgehen ganz erheblich.

Methoden und Instrumente

Die Anforderungen an Methoden und Instrumente sind bei Veränderungsprozessen anders gelagert als bei Projekten. Bei Projekten liegt der Schwerpunkt eindeutig auf Planungs- und Steuerungsinstrumenten. Bei Veränderungsprozessen dagegen sind vor allem die Interaktionen zwischen „weichen Faktoren", „Prozessen" und „Hard Facts" zu managen. Der jeweils verantwortliche Projektleiter (im Fachjargon auch oft „Prozeßmanager" genannt) muß in der Lage sein, situationsgerecht Methoden und Instrumente aus folgenden Gebieten anzuwenden:

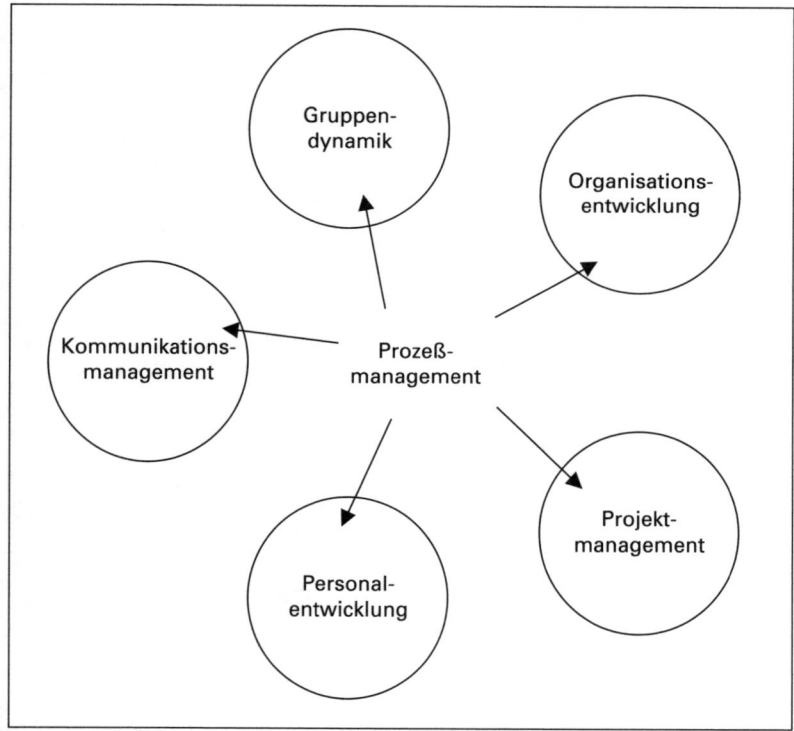

Prozeßmanagement

8 Was kann Projektarbeit hemmen?

J edes neue Modell hat Vor- und Nachteile. Der Fehler, der oft bei der Einführung von Projektmanagement in einem Unternehmen gemacht wird, ist, daß die Aspekte, die gegen Projektmanagement sprechen oder dessen Einführung hemmen, völlig außer acht gelassen werden. Im folgenden Kapitel stellen wir Beispiele möglicher Nachteile wie auch hemmender Faktoren vor, um Ihnen Hinweise zu geben, worauf Sie bei der Einführung von Projektmanagement besonders achten müssen.

Mangelnde Qualifikation der Projektbeteiligten

„Mal schnell einen Kurs anbieten" und dann annehmen, daß nach Projektmanagement-Regeln gearbeitet wird, ist ein Trugschluß, dem viele Unternehmen unterliegen. Es ist immer wieder festzustellen, daß an der falschen Stelle gespart beziehungsweise die Bedeutung der Qualifizierung der Mitarbeiter unterschätzt wird. Durch Unkenntnis der Materie kommt es dann zu Fehlinterpretationen und zu Vorgehensweisen, die nichts mit Projektmanagement zu tun haben. Scheitern die Projekte, wird dies dann allerdings der Methode angekreidet.

Andere Unternehmen kümmern sich sehr stark um die Qualifizierung der Projektteams und der Projektleiter, versäumen es aber, die Führungskräfte der Linie mit Projektmanagement vertraut zu machen. Dies führt dann dazu, daß Projektmanagement von den Führungskräften der Linie als „natürlicher Feind" gesehen wird, den es zu bekämpfen gilt. Zur Einführung von Projektmanagement gehört auch die Weiterbildung der Linien-Führungskräfte.

Projektmanagement = Netzplantechnik

Viele Unternehmen sind eigentlich schon „projektmanagementge-schädigt". Irgendwann wurde durch die DV-Abteilung eine Netz-plantechnik-Software eingeführt und unter dem Überbegriff Pro-jektmanagement „verkauft". Da diese Systeme meistens als Insel-lösung nicht richtig funktionieren, haben viele Mitarbeiter von Anfang an eine negative Einstellung zu Projektmanagement, die nur sehr schwer zu korrigieren ist. Hier versäumt es die DV-Ab-teilung, Projektmanagement als mehr als nur ein reines Abwick-lungsinstrument zu sehen. Um diese Instrumentenfokussierung zu vermeiden, empfiehlt es sich, bei der Einführung von Projektma-nagement eine enge Zusammenarbeit zwischen DV-, Organisa-tions- und Weiterbildungsabteilungen anzustreben.

Überfrachtung mit Regelungen/Handbüchern

Um Projektarbeit sinnvoll zu gestalten, ist es wichtig, gewisse Regeln für Aufbau und Ablauforganisation festzulegen. Projekt-managementhandbücher mit teilweise über 500 Seiten schrecken allerdings ab und führen zu einer Bürokratisierung des Projektma-nagements. Es darf nicht vergessen werden, daß Projektmanage-ment als Hilfe gegen die Bürokratie der Linie eingesetzt werden soll. Eine zu starke Reglementierung würde gerade das Gegenteil bewirken.

Politik/Machtspiele in der Linienorganisation

Jeder Abteilungs-/Bereichsleiter ist in der Linienorganisation ver-antwortlich für seine Abteilung/Bereich. Dies ist sein Hoheitsge-biet. Projektmanagement führt nun dazu, daß Projektleiter oder Projektteammitglieder in das Hoheitsgebiet eindringen und scheinbar „am Stuhl sägen". Dies hat zur Folge, daß einige Führungskräfte als Gegner beziehungsweise Bremser des Projekt-managements auftreten.

Paradigmenwechsel Arbeitnehmer – Auftragnehmer

Projektmanagement verlangt in hohem Maße selbständiges Arbeiten und Handeln innerhalb der Projektphasen. Das funktioniert natürlich nur, wenn die Projektbeteiligten es auch können und wollen. In Unternehmen sind die Mitarbeiter durch den Taylorismus jedoch daran gewöhnt, Anweisungen zu empfangen und auszuführen, ohne groß darüber nachzudenken. Die Unternehmensleitung darf bei der Einführung von Projektmanagement nicht dem Trugschluß unterliegen, daß dadurch automatisch alle Mitarbeiter eigenverantwortlich und selbständig arbeiten. Projektmanagement schafft dafür nur die Rahmenbedingungen. Parallel zur Einführung von Projektmanagement ist es zwingend erforderlich, einen Wandel in der Unternehmenskultur zu initiieren.

Betriebsvereinbarungen, Rahmenbedingungen (Mehrarbeit, Entlohnung, Besitzstandsregelung)

Projektarbeit ist oft mit unkonventioneller Arbeit gleichzusetzen. In einer bestimmten Zeit muß ein genau definiertes Ziel erreicht werden. Dies ist jedoch nicht immer unter den Rahmenbedingungen der Linienorganisation möglich. Wie wird Mehrarbeit in Projekten abgegolten? Wie wird besonderes Engagement in Projekten belohnt? Diese Fragen stehen oft im Konflikt mit den starren Regelungen der Linienorganisation, müssen jedoch bei der Einführung des Projektmanagements gelöst werden, um zu verhindern, daß Projektteams demotiviert werden.

Projektinflation

Projekte sind dadurch erfolgreich, daß sie etwas „Besonderes" für das Unternehmen darstellen. So wird erreicht, daß das Engagement der Beteiligten temporär sehr groß ist und besondere Leistungen aus Projekten resultieren. Häufen sich jedoch die Projekte und wird die Projektarbeit zur Routine, geht ein wesentlicher Erfolgsfaktor verloren. Auftraggeber sollten genau überlegen, welche Aufgaben zu Projekten gemacht und welche in der Linienorganisation abgewickelt werden.

9 Checklisten für den Projektleiter und ein Beispielprojekt

Checkliste zum Projektstart

Gerade zu Beginn eines Projekts darf der Projektleiter keine Fehler machen. Versäumnisse zum Projektstart können sich sonst durch das gesamte Projekt ziehen. Folgende Checkliste soll dem Projektleiter helfen, wichtige Themenfelder vor und während des Projekts abzuklären.

▶ Wer will das Projekt?

▶ Hat der Initiator auch die notwendige Kompetenz das Thema zu forcieren und Sie bei der Umsetzung zu unterstützen?

▶ Welches Interesse, welche offenen und welche verdeckten Ziele verfolgt der Initiator? (Anmerkung: „Alle geäußerten Ziele sind edel und hehr, die wahren Ziele scheuen oft das Tageslicht")

▶ Warum sind, trotz Unzufriedenheit, die Dinge weiterhin so wie sie sind? Wer ist Nutznießer des bestehenden Zustandes?

▶ Wie nah an der Oberfläche sind die Themen beziehungsweise wie verdeckt oder gar verdrängt sind die eigentlichen Probleme? Werden nur Symptome behandelt oder wird an den Ursachen gearbeitet?

▶ Ist genügend Energie vorhanden, diese Fragestellung auch wirklich anzugehen?

▶ Wer ist von dem anstehenden Thema darüber hinaus direkt oder indirekt betroffen?

▶ Wer soll an der Erarbeitung des Projekts aktiv beteiligt werden? In welcher Form?

▶ In welchem Abhängigkeitsverhältnis stehen die Beteiligten zueinander? Wie könnte sich das auf die vorgesehene Zusammenarbeit auswirken?

▶ Gibt es Vorerfahrungen zu diesem Thema in diesem Kreis der Beteiligten? Hat man sich schon jemand an einer Problemlösung versucht? Mit welchem Ergebnis? Welche Erfahrungen wurden dabei gewonnen?

Checkliste für den Projektleiter

Vorstudie (bei größeren Projekten)
▶ Der Vorstudiennauftrag ist erstellt und genehmigt
▶ Die Mitarbeiter für das Projektteam sind ausgewählt
▶ Die Entscheidungsstrukturen sind klar
▶ Das Budget für die Vorstudie ist beantragt
▶ Terminplan für Vorstudie ist erstellt
▶ Chancen-/Risikobewertung liegt vor
▶ Dokumentation der Vorstudie liegt vor

Planung
▶ Projektauftrag erstellt und genehmigt
▶ Die Mitarbeiter des Projektteams sind ausgewählt und eingebunden
▶ Kick-Off-Meeting ist durchgeführt
▶ Projektstrukturplan ist erstellt
▶ Die Mitarbeiter des Projektteams kennen ihre Aufgaben und den damit verbundenen Zeitaufwand
▶ Notwendige Ressourcen sind beantragt und genehmigt
▶ Budget für Projekt ist beantragt und genehmigt
▶ Risikobewertung liegt vor
▶ Meilensteinplan und Terminplan sind erstellt

Abwicklung

▶ Die Arbeitsteilung mit der Linie ist geregelt
▶ Art der Aufgabenverteilung ist geregelt
▶ Umgang mit Änderungen ist geregelt und abgestimmt
▶ Rückmeldesystem über Fortschritt der Arbeitspakete ist abgestimmt
▶ Regelkommunikation im Team ist festgelegt
▶ Verteiler für Berichte (wer, was, wann) ist festgelegt
▶ Umfang der Dokumentation (wer, was, wann, wo) ist festgelegt

Projektabschluß

▶ Abschlußdokumentation liegt vor
▶ Projektleiter und Projektteam sind entlastet
▶ Im Falle einer weiteren Betreuung der Projektergebnisse ist die Übergabe an die Verantwortlichen vollzogen
▶ Abschlußpräsentation mit kleiner Abschlußfeier ist umgesetzt

Beispielprojekt „Tag der offenen Tür"

1. Projektauftrag

2. Projektorganisation

3. Projektstrukturplan

4. Meilensteinplan

1. Projektauftrag „Tag der offenen Tür"

Zielbeschreibung	Meßgröße	Änderbarkeit	Priorität
Oberziel: XX hat in der Region gutes Image			
Projektziel: Tag der offenen Tür ist erfolgreich durchgeführt	Mindestens 8 000 Gäste Stichprobenumfrage = 80% der Gästerückmeldungen sind positiv	Bei Regen, Sonderereignis mind. 3 000 Gäste	
Budget ist eingehalten	100 000 DM		I
Alle Altersgruppen werden mit Events angesprochen	Mindestens ein Event für jede Altersgruppe liegt vor (Kleinkinder, Kinder, Jugendliche, Erwachsene)		IV
Unterschiedliche Zielgruppen werden angesprochen	Familien, Mitarbeiter, Presse, ehemalige Mitarbeiter, Niederlassungen, Kunden, Großkunden, technisch Interessierte		II
Für Verpflegung ist gesorgt	Wartezeit < 10 Minuten max. 20 Minuten zu Stoßzeiten		III
Termin eingehalten	15.07.19xx		V

Nutzen

▶ Öffentlichkeitsarbeit kurz vor Messe fördert das Image der Firma

▶ Mitarbeiter sind motiviert da sie sich vermehrt mit der Firma identifizieren, sie sind stolz auf ihre Firma

▶ Positive Ausstrahlung des Unternehmens in die Region

▶ Familien haben Bezug zum Arbeitsplatz

▶ Verbesserung der Kontakte zwischen Firma, Vertretern und Kunden

Risiko-Portfolio

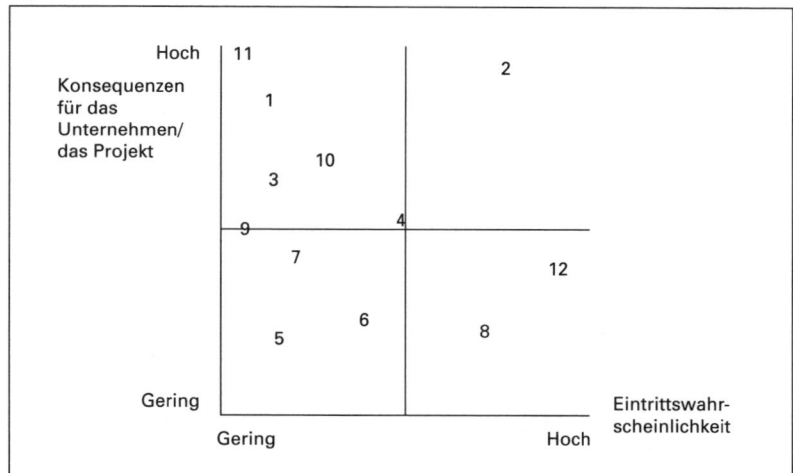

Risiken

1 Kurzfristige Sonderereignisse wie zum Beispiel Staatstrauer können den Tag überschatten

2 Bei schlechtem Wetter kommen weniger Gäste

3 Wenn sich ein schwerer Unfall ereignet, leidet das Image

4 Wenn einem Kind etwas zustößt, können wir wegen Verletzung der Aufsichtspflicht verklagt werden

5 Ein großer Besucheransturm kann die Produktion beeinträchtigen

6 Fehlt das Interesse bei den Medien, tritt der gewünschte Werbeeffekt nicht ein

7 Wenn die Nachfrage höher ist als geplant, kann es zum Chaos kommen

8   Wenn die Nachfrage schwächer ist als geplant, wurde zuviel Aufwand betrieben

9   Diebstahl, Unfälle und Beschädigungen können Folgekosten verursachen

10 Sollte es zu einer Massenpanik kommen, und sollten Personen Schaden nehmen, können wir verklagt werden

Schnittstellen zu anderen Projekten
▶ 15 Jahresfeier
▶ Präsentation neues Produkt
▶ Messe

Randbedingungen
▶ Produktion läuft an dem vereinbarten Tag
▶ Produktionsbetrieb darf nicht wesentlich gestört werden
▶ Einbindung Betriebsrat

Voraussetzungen
▶ Professionelle Unterstützung für die Vermarktung (zum Beispiel Karten, Einladungen ...), eventuell Einschalten einer Werbeagentur
▶ Unterstützung von den Fachbereichen
▶ Unterstützung durch Geschäftsleitung
▶ Ausreichendes Budget
▶ Genügend freie Zeit beim Projektteam (das heißt, Teammitglieder sind von ihren bisherigen Linienaufgaben dementsprechend freigestellt)

Ideen
▶ Eintrittskarten ausgeben, um die Menge an Gästen prognostizieren zu können
▶ Lokale Polit-Prominenz einladen
▶ Firmenvorstand einladen
▶ Go-Kart-Rennen auf Firmenparkplatz organisieren

2. Projektorganisation

Funktion	Name	Kapazitäts-bindung*
Auftraggeber	Dr. Müller	1%
Projektausschuß	Herr Maier Herr Müller (Ansprechpartner) Herr Kaiser	2% 5% 2%
Projektleiter	Herr Schmid	30%
Kernteam	Frau Klein Herr Groß Dr. Mittel Dr. Winter Herr Sommer (Stellvertreter)	15% 15% 25% 15% 15%
Erweitertes Team	Herr Schmidt N.N. (Betriebsrat) N.N. (Werksschutz) Herr Meier Herr Mayer (Unterstützung durch Fachbereiche)	5% 2% 10% 5% 10%
Berater	Dr. Kraus Herr Westermann	3% 3%

* Mitwirkung bezogen auf die Jahresarbeitszeit (bei durchschnittlich 220 Arbeitstagen sind 10% = 22 Tage Mitwirkung am Projekt).

3. Projektstrukturplan

Auf der nächsten Seite wird das Muster eines Projektstrukturplans dargestellt.

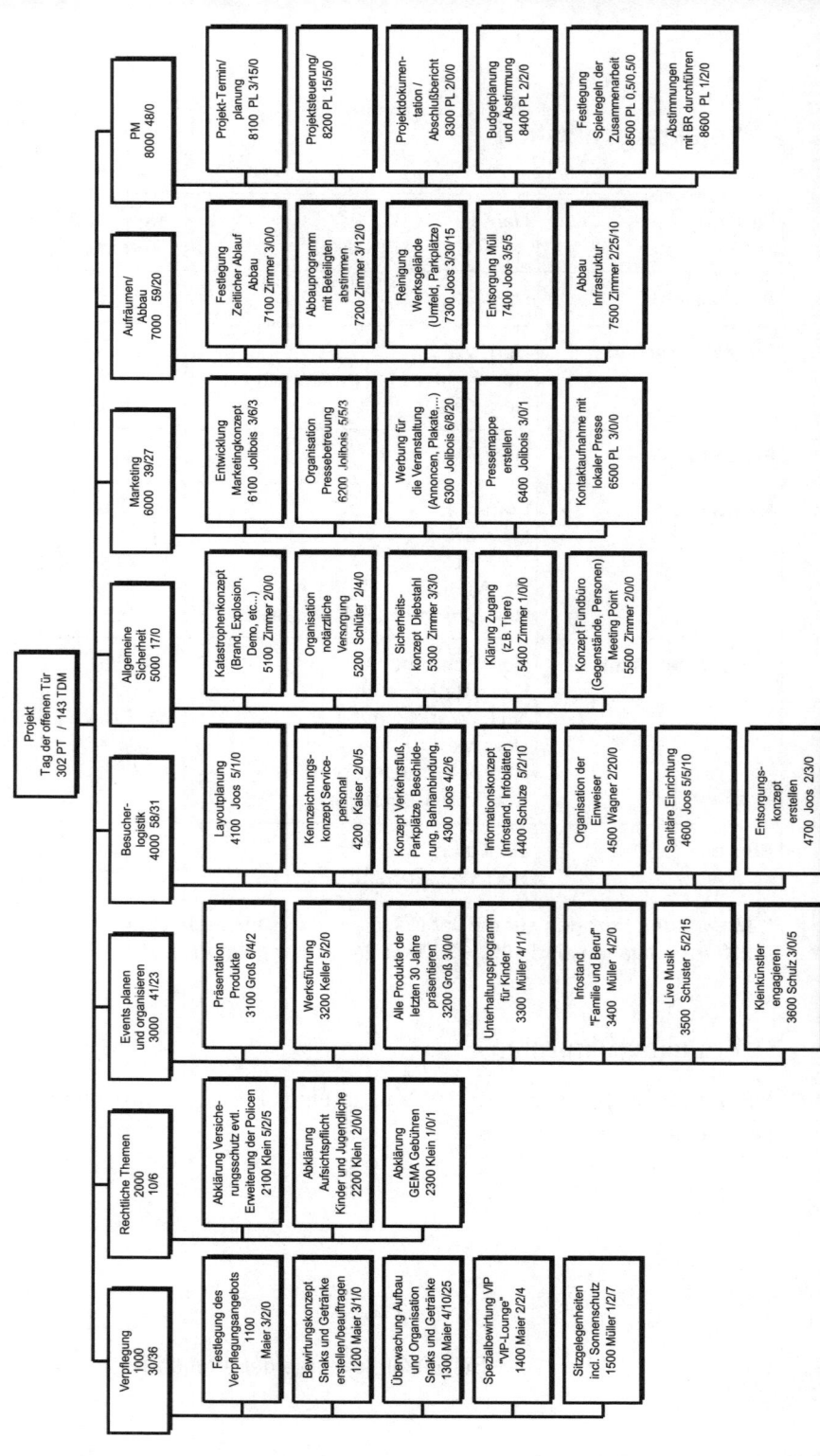

4. Meilensteinplan

Phasen	Ergebnisse	Entschei-dungs-bedarf	Beteiligte	Termin
1. Planungs-phase	Projektauftrag	Freigabe Projekt	AG, LA, Team	7 Monate
2. Angebots-phase	Sämtliche Angebote liegen vor	Festle-gung der Dienst-leister	LA, Team	5 Monate
3. Vorberei-tungs-phase	Veranstaltung ist bekannt, Presse ist über Veranstaltung informiert		LA, Team	4 Wochen
4. Veranstal-tung	Veranstaltung findet statt		AG, LA, Team	Tag 0
5. Nach-bereitungs-phase	Firma ist wieder aufgeräumt Abschlußgespräch durchgeführt Nachkalkulation liegt vor	Entla-stung Projekt-team	AG, LA, Team	+6 Wochen

Fazit

Wie sieht die Zukunft des Projektmanagements aus? Ist PM nur eine Modeerscheinung, die bald wieder durch einen neuen Trend ersetzt werden wird?

Wenn wir uns die Unternehmen heute anschauen, müssen wir feststellen, daß diese sich nicht mehr auf ihren Lorbeeren der Vergangenheit ausruhen können. Selbst sehr große Konzerne müssen sich sehr anstrengen, um zu überleben. Um den Kampf zu gewinnen, müssen sich die Unternehmen den Gegebenheiten des Umfelds immer schneller anpassen. Leider sind die meisten Strukturen nicht geschaffen, um sich im gleichen Tempo wie das Umfeld zu verändern. Hier kommt Projektmanagement eine große Bedeutung zu. Es hilft den Unternehmen, schneller auf Veränderungen in Form von Projekten zu reagieren, ohne dabei gleich die komplette Organisation neu zu strukturieren. Mit Projektarbeit kann ein Unternehmen Innovationen schneller auf den Markt bringen. Sobald Projektmanagement nicht nur als Planungswerkzeug für Projekte gesehen wird, sondern vielmehr als wesentlicher Bestandteil der strategischen Unternehmensführung, gibt es für innovative Unternehmen zu PM keine Alternative.

Auch die Aufgaben in Unternehmen sind dabei, sich zu verändern. Es gibt immer mehr zeitlich befristete Projektaufgaben. Der Mitarbeiter der Zukunft ist in der Lage, sich den neuen Anforderungen des Unternehmens anzupassen. Er ist bereit, auch zeitlich befristet neue Aufgaben zu übernehmen, und kann fachübergreifend in Teams arbeiten. Mitarbeiter, die das entsprechende Projektmanagement-Know-how haben, sind aus unserer Sicht die Stützen eines wandlungsfähigen Unternehmens. Aus diesem Grund sollte jeder Mitarbeiter, der in Projekten arbeitet, ein Basiswissen über Projektmanagement haben.

Wir wissen, daß dieses Buch nur ein Hilfsmittel für Ihre Projektarbeit sein kann. Es kann und soll nicht verhindern, daß Sie Ihre eigenen guten und schlechten Erfahrungen in der Projektarbeit sammeln. Die besten Erfahrungen sind immer noch die, die man selber gemacht hat. In diesem Sinn wünschen wir Ihnen viel Erfolg bei Ihrem nächsten Projekt!

Nachwort

Viele Unternehmen sind immer noch von Männern dominiert. Dies hat sich leider auch in der Sprache niedergeschlagen. Von uns verwendete Begriffe wie „Projektleiter", „Manager", „Entscheider", „Auftraggeber" sollen jedoch nicht nur die Männer unter den Lesern dieses Buchs ansprechen. Um das Buch nicht unnötig aufzublähen, haben wir uns dazu entschlossen, den inzwischen üblichen Zusatz Leiter/-in wegzulassen. Wir bitten den geneigten Leser darum, sich diesen immer dazuzudenken. Eine Änderung haben wir jedoch bei dieser Neuauflage vorgenommen. Es geht um den Begriff „Manntage". Hier hat sich in letzter Zeit ein Begriff etabliert, der uns selber besser gefällt. Nein, es sind nicht „Frautage", wie mancher wohl erwartet hätte. In den meisten Fällen wird jetzt von „Personentagen" geredet. Des weiteren möchten wir hiermit nochmals alle Frauen ermutigen, sich intensiver mit der Rolle „Projektleiter" auseinanderzusetzen. Aus unserer Erfahrung haben gerade Frauen in reinen Männerorganisationen, bedingt durch ihre doch meistens besser entwickelten sozialen Fähigkeiten, Teams besser „im Griff" und kommen zu sehr guten Ergebnissen.

Literatur

BRAUCHLIN, E.: Problemlösungs- und Entscheidungsmethodik, Bern 1978

DE WAAL, F.: Wilde Diplomaten, München 1993

DÖRNER, D.: Die Logik des Mißlingens, Reinbek 1988

DOPPLER, K.: Change Management, Frankfurt am Main 1994

FEYHL, A. W./FEYHL, ECKHARDT: Management und Controlling von Softwareprojekten, Wiesbaden 1996

HANSEL, J./LOMNITZ, G.: Projektleiter-Praxis, Berlin, Heidelberg, New York 1987

HEINTEL P./KRAINZ E. E.: Projektmanagement – Eine Antwort auf die Hierarchiekrise? 3. Auflage, Wiesbaden 1994

KRAUS, G. U. A.: Projektleiter mit Profil, Hamburg 1994

MADAUSS, B.-J.: Handbuch Projektmanagement, 5. Auflage, Stuttgart 1994

MEES, J./OEFNER-PY, S. U. A.: Projektmanagement in neuen Dimensionen – Das Hologramm zum Erfolg, Wiesbaden 1993

PETERS, T. J.: Kreatives Chaos, Hamburg 1988

RÜSBERG, K.-H.: Systems Project Management, Landsberg/Lech 1985

STUMBRIES, C.: Projektmanagement Handbuch, ProLog GmbH, Jaderberg 1994

VDI (Hrsg.): Systematische Produktplanung, Düsseldorf 1976

P

Stichwortverzeichnis

Die Autoren

Dr. Georg Kraus, Wirtschaftsingenieur (TH Karlsruhe), ist seit einigen Jahren Trainer und Berater für Projektmanagement. Sein Buch „Führen in Krisenzeiten" (zusammen mit Christel Becker-Kolle) ist 2004 ebenfalls bei Gabler erschienen.

Reinhold Westermann ist seit vielen Jahren Projekt- und Organisationsberater. Er leitet ein Team für Fort- und Weiterbildung in einem großen Konzern.

E-Mail an die Autoren:
georg.kraus@kraus-und-partner.de

Mitarbeiter erfolgreich führen

Der Kern erfolgreicher Führungs-praxis

Dieses Buch schildert sehr anschaulich die wirklich grundlegenden Erfolgsbausteine der Führungsaufgabe. Besonders innovativ sind Einblicke in die Methode des Management-Profilings.

Michael Alznauer
Evolutionäre Führung
Der Kern erfolgreicher Führungs-praxis – ein Management-Profiling-Ansatz
2006. Ca. 256 S.
Geb. Ca. EUR 37,00
ISBN 3-8349-0182-2

Führung auf Distanz

Das erfahrene Autorenteam liefert Führungs-kräften Handwerkszeug und zahlreiche Pra-xisbeispiele zu den Besonderheiten dieser Arbeitsform. Das Buch zeigt, wie man das Führungsverhalten dem räumlich verteilten Setting gezielt anpasst.

Dorothea Herrmann / Knut Hüneke / Andrea Rohrberg
Führung auf Distanz
Mit virtuellen Teams zum Erfolg
2006. 248 S.
Br. EUR 37,90
ISBN 3-8349-0225-X

Worauf es beim Führen wirklich ankommt

Was zeichnet gute Führung aus? Welche Führungsansätze sind wichtig und praxisnah? Daniel F. Pinnow, Geschäftsführer der renom-mierten Akademie für Führungskräfte, zeigt in diesem Kompendium, worauf es wirklich ankommt.

Daniel F. Pinnow
Führen
Worauf es wirklich ankommt
2005. 360 S. Geb.
EUR 39,90
ISBN 3-8349-0016-8

Änderungen vorbehalten. Stand: Juli 2006.
Erhältlich im Buchhandel oder beim Verlag.

Gabler Verlag · Abraham-Lincoln-Str. 46 · 65189 Wiesbaden · www.gabler.de

GABLER